RÖMERTOPF®

INTERNATIONAL
LE TOUR DU MONDE CULINAIRE

BIENVENUE
AU MONDE RÖMERTOPF

Vous vous êtes décidé à vous lancer dans la cuisine rapide, facile et pourtant très naturelle. Vous êtes soucieux de votre ligne tout en étant au courant des derniers résultats obtenus dans le domaine nutritif. Vous voulez vivre sainement et rester en pleine forme et êtes ainsi très ouvert, mais néanmoins critique. Vous ne suivez les modes qu'à condition qu'elles soient sensées !
Nous vous félicitons d'avoir acheté notre livre.

La cocotte RÖMERTOPF est connue depuis des décennies dans le monde entier et pourtant elle a gardé toute sa jeunesse tout en restant d'actualité grâce à sa cuisson spécifique particulièrement naturelle. Les composants de la cocotte RÖMERTOPF sont naturels. Les aliments et mets qui y sont cuits restent juteux, conservent leurs vitamines et sels minéraux. Grâce aux températures modérées, aucun aliment ne perd de sa saveur et de son arôme. Sachez donc apprécier la cuisine moderne de manière diététique.
Nous pourrions facilement traduire "Römertopf" par "cocotte romaine" ou "cocotte romania", mais nous avons jugé que la cocotte RÖMERTOPF devrait garder son originalité internationale.

Que vous fassiez la cuisine traditionnelle, les plats méditerranéens légers ou les spécialités des pays asiatiques, que vous cuisiniez de petits ou gros rôtis, des potages, des soufflés ou des gratins, du poisson ou des légumes, vous trouverez toujours la cocotte RÖMERTOPF correspondante présentée avec différents décors au choix.

Le fait de cuisiner à l'étuvée dans la cocotte RÖMERTOPF évite l'adjonction supplémentaire de graisse. L'utilisation de la cocotte RÖMERTOPF est un jeu d'enfant et vous garantit la réussite de vos plats tout en vous offrant un gain de temps considérable. En effet, il suffit simplement de préparer les ingrédients et de les déposer dans la cocotte. Enfournez, et voilà ! Il n'y a pas de cuisine plus simple.

Invitez vos amis et connaissances et offrez-leur un tour du monde gastronomique et les joies du palais avec une cuisine pleine de saveur et d'arômes.
Votre créativité ne connaîtra pas de limites que vous réalisiez un osso buco, des aubergines farcies, une polenta ou un poisson poché à la chinoise. De plus, grâce à nos suggestions de recettes et à notre savoir-faire vous assurerez votre réussite totale.

L'authentique cocotte RÖMERTOPF

L'UTILISATION DE LA COCOTTE RÖMERTOPF DANS LES MEILLEURES CUISINES DU MONDE

mines sont préservés. Rien n'est perdu dans le surplus de liquide. Chaque aliment du repas conserve son propre goût authentique ainsi que toute sa saveur. La cocotte RÖMERTOPF permet de réduire la quantité de matière grasse, ce qui entre tout à fait dans la ligne des régimes actuels. Alors avis à tous ceux qui ont un problème d'estomac, de foie, d'intestins ou de bile, ainsi que ceux qui veulent maigrir ou rester sveltes et enfin ceux qui souhaitent une cuisine hypocalorique, mais très riche en vitamines.

Un peu d'histoire...

La cocotte Römertopf fait partie de l'art culinaire d'antan, mais est également présente dans la nouvelle cuisine. Les Romains étaient les premiers Européens à préparer leurs mets dans la cocotte Römertopf il y a de cela plus de deux millénaires. Les repas étaient ainsi savoureux et cuisaient dans leur propre jus. Dans les célèbres aventures de Pantagruel narrées par Rabelais il est déjà question de repas mijotés, étuvés ou cuits dans des moules en terre cuite.

Pantagruel avait reconnu les avantages de la méthode de nos ancêtres les chasseurs. Ces derniers cuisaient leur gibier dans une sorte d'enveloppe en terre cuite placée au milieu des cendres ou tout simplement sur le feu sans que la viande ne perde de son arôme. Les aliments cuits dans un moule en argile gardent de nos jours, comme dans le temps, ce goût et cet arôme incomparables.

Un accessoire très pratique

Les avantages certains de la vraie cocotte RÖMERTOPF sont évidents :
Les mets ne nécessitent qu'un minimum de liquide. La plupart du temps l'eau contenue dans les aliments suffit à elle seule pour la cuisson. La saveur et l'arôme, tous les éléments nutritifs et les vita-

Une cuisson avantageuse

La cuisson est un vrai gain de temps. Une fois la cocotte enfournée le repas ne nécessite plus aucune surveillance car la cuisine avec la cocotte Römertopf ne connaît ni les mets brûlés ni trop cuits. Il est évident que pendant la cuisson, rien ne peut s'évaporer ou gicler et ainsi le four reste particulièrement propre. Nous avons donc, malgré un temps de cuisson relativement important, qualifié la plupart de nos recettes de "rapides". Un dépassement du temps de cuisson conseillé ne peut pas nuire à la préparation. Programmez la température de cuisson entre 150° C à 180° C et veillez simplement qu'il y ait assez de liquide dans la cocotte. Ainsi le temps de

cuisson peut être dépassé d'une heure. Les récipients en terre cuite sont de nos jours très décoratifs et passent directement du four à la table.
Ceci permet de gagner du temps et une économie de vaisselle.

Une technique parfaite

D'apparence tout à fait banale, la cocotte Römertopf très pratique propose une technique parfaite et facilite la cuisine. L'originalité réside dans les rainures du fond. Elles veillent à ce que sans liquide, les aliments étuvés soient simplement entourés d'air chaud. Vous découvrirez et apprécierez les autres avantages au fil de l'utilisation de la cocotte. Le fond large garantit, lors de la préparation une bonne stabilité et permet d'éviter de s'ébouillanter. Le couvercle et le récipient se superposent avec un large bord et tiennent parfaitement en place. Le couvercle ne peut pas basculer ou glisser. La fente de 2 à 4 millimètres de large entre

la partie supérieure et la partie inférieure de la cocotte n'est pas un défaut de fabrication, mais régule la pression dans le récipient et laisse s'échapper la vapeur superflue. Les poignées intégrées sont également très pratiques. La cocotte Römertopf peut ainsi être soulevée sans problème et le couvercle ôté délicatement. Un autre avantage du système de la cocotte Römertopf : vous pouvez choisir en-

APPRECIEZ LA CUISINE
MODERNE LEGERE ET SAINE

tre différentes formes et contenances. La vraie cocotte Römertopf fonctionne tout simplement : les petites pores contenues dans la terre cuite poreuse se gorgent d'eau lorsqu'on la trempe. Avec le réchauffement la vapeur se forme aussi bien à l'intérieur du four qu'à l'intérieur de la cocotte.
Les aliments ne dessèchent guère et ont malgré tout cette croûte que chaque cuisinier aimerait obtenir.
Les rôtis sont juteux à l'intérieur et croustillants à l'extérieur.
Les potées, les gratins et les soufflés préservent tout l'arôme des ingrédients. Les potages mijotent lentement sans former de croûte.

MANIPULATION FACILE

Votre cocotte Römertopf satisfera durant des années vos désirs de gourmets si vous l'utilisez convenablement. Ceci n'est pas difficile en suivant ces conseils :

• La cocotte Römertopf doit être trempée dans l'eau avant chaque utilisation. Si vous ne disposez que de très peu de temps, il suffit déjà de faire couler de l'eau sur le couvercle pendant env. 30 secondes.

Les pores absorbent durant ce court instant assez de liquide pour la cuisson. Toutefois il est encore préférable d'immerger ce couvercle dans un récipient rempli d'eau et ce pendant 15 minutes.

• Avant la première utilisation, votre cocotte Römertopf souhaite même "prendre un bain". Ensuite brossez-la bien à l'intérieur pour ôter complètement la poussière de terre cuite qui s'était déposée lors de la fabrication du récipient.

• La cocotte Römertopf est nettoyée avec de l'eau chaude additionnée de quelques gouttes de produit vaisselle. Frottez avec une brosse souple.

Après une centaine d'utilisations, nous vous conseillons de la faire bouillir une demie heure dans de l'eau bouillante. Les pores seront débouchés et absorberont un maximum d'eau comme lors de la première utilisation.

• Lorsque vous n'utilisez pas la cocotte Römertopf emboîtez les deux parties et stockez-la dans un endroit aéré. Même si vous prenez grand soin de la cocotte, cette dernière va changer de couleur et foncer légèrement. Ceci n'est pas défaut, mais prouve bel et bien qu'il s'agit d'un matériau naturel.

IL NE FAUT UTILISER LA COCOTTE RÖMERTOPF QUE POUR LES PREPARATIONS AU FOUR. NE LA PLACEZ JAMAIS SUR UNE PLAQUE DE CUISINIERE OU DIRECTEMENT SUR LE FEU.
IL FAUT TOUJOURS LA GLISSER DANS UN FOUR FROID, PUIS CHAUFFER LENTEMENT.

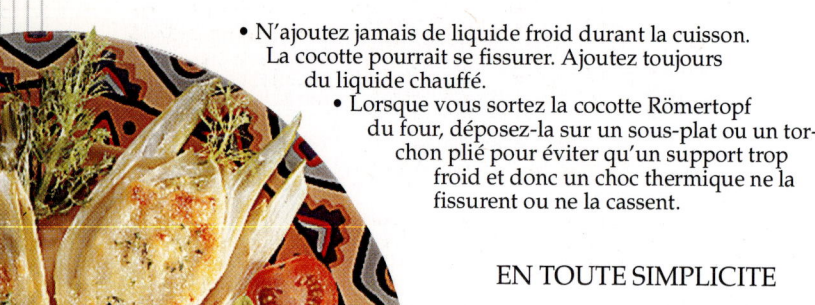

• N'ajoutez jamais de liquide froid durant la cuisson. La cocotte pourrait se fissurer. Ajoutez toujours du liquide chauffé.

• Lorsque vous sortez la cocotte Römertopf du four, déposez-la sur un sous-plat ou un torchon plié pour éviter qu'un support trop froid et donc un choc thermique ne la fissurent ou ne la cassent.

EN TOUTE SIMPLICITE

Lorsque vous utilisez la cocotte Römertopf pour la première fois, testez d'abord si les plats sont cuits avec le temps de cuisson indiqué. Les températures varient souvent d'un four à l'autre.

Vous connaîtrez rapidement les éventuelles différences. Il n'arrivera rien à votre repas, car un dépassement de la durée de cuisson n'a aucune incidence sur la cocotte Römertopf et son contenu. Toutefois, il est logique qu'une prolongation puisse entraîner la formation d'une croûte plus importante. Les aliments étuvés nécessités, par exemple, par les personnes sensibles de l'estomac et des intestins, ont une durée de cuisson inférieure à celle d'un rôti bien croustillant.

Lorsque le temps de cuisson est important et même si la vapeur ne s'échappe pas de la cocotte, vous devriez tout de même y jeter de temps en temps un coup d'oeil pour voir s'il ne faut pas rajouter un peu de liquide chaud. Ce conseil est surtout valable pour les viandes maigres car celles-ci dessèchent rapidement.

La cocotte RÖMERTOPF doit être trempée avant chaque utilisation.

Avant la première utilisation, immergez-la dans beaucoup d'eau, puis brossez-la bien à l'intérieur.

Si vous n'utilisez pas la cocotte, emboîtez les deux parties et stockez le tout dans un endroit aéré.

La cocotte RÖMER-TOPF est toujours enfournée dans un four froid. C'est seulement après qu'il faut chauffer le four.

ENFOURNEZ A LA
BONNE TEMPERATURE

La température de cuisson idéale pour la cocotte RÖMERTOPF se situe entre 190 et 250° C. Les mets nécessitant un temps de cuisson plus important doivent avoir une température moins élevée que ceux qui ont une durée de cuisson plus courte.
Pour les fours électriques, affichez la température au moment d'enfourner la cocotte RÖMERTOPF. Le thermostat veille à un chauffage progressif. Comme pour la pâtisserie utilisez de préférence la chaleur tournante pour obtenir une température égale aussi bien en haut qu'en bas.
Pour les gazinières qui répandent immédiatement la température choisie, débutez le thermostat sur 3 (env. 190° C) et montez progressivement le thermostat d'un numéro toutes les 5 minutes jusqu'à la température désirée.
Lorsque vous essayez de nouveaux plats dans la cocotte RÖMERTOPF choisissez une température moyenne autour des 220° C (gaz thermostat 4) et cherchez une recette comparable dans ce livre.

TOUR DU
MONDE GASTRONOMIQUE

Faites le tour du monde gastronomique en notre compagnie ! En effet, nous vous invitons aux meilleures tables d'Asie, en nous arrêtant bien entendu en Inde et en Indonésie, en rêvant devant des spécialités des Caraïbes et en appréciant toute la saveur de la cuisine toujours très épicée d'Amérique latine. Les ingrédients se limitent néanmoins à ceux que vous pouvez trouver dans vos supermarchés. La panoplie des recettes renonce à tout ce qui est trop exotique et ainsi toute votre famille y trouvera son plat préféré. Le seul point commun de tous ces mets réside dans le fait qu'ils sont préparés avec très peu de graisse, mais épicés de façon subtile.

Pour voir d'un seul coup d'oeil que nous avons changé de pays pour en découvrir les spécialités, nous avons décidé de faire apparaître à chaque fois ce petit logo. Notre voyage débute au nord de l'Europe Centrale, puis nous continuons le long de la Méditerranée, pour traverser les pays lointains jusqu'en Extrême-Orient.

LES PLAISIRS DE LA TABLE

Toutes les recettes se trouvant dans ce livre sont calculées pour quatre personnes sauf mention contraire lorsque la quantité et le temps de cuisson particulièrement long diffèrent. Les temps de cuisson et le nombre de calories donnent immédiatement un aperçu de la valeur nutritive du plat. La valeur énergétique du mets est une moyenne qui concerne le plat et ses ingrédients sans garniture car les graisses contenues dans la viande et autres ingrédients varient, de même que le poids des fruits, des légumes, etc... Une cuillerée à soupe pèse en moyenne 15 g, mais peut également peser - selon la grandeur et le remplissage - seulement 12 g ou alors 20 g.

La plupart des recettes est annotée des symboles suivants :

 - vous signifie immédiatement que le plat proposé est très bon marché.

 - vous indique que le plat constitue un gain de temps.

 - même les temps de cuisson sont adaptés aux goûts actuels. Le poisson ou les légumes, par exemple, restent bien croquants.

Lorsque vous préférez certains plats plus cuits, augmentez les temps de cuisson à votre convenance.

Après tous ces conseils bien utiles et les théories, à vous de vous mettre à la pratique devant vos fourneaux. Nous vous souhaitons beaucoup de plaisir à réaliser nos plats et surtout à les déguster.

La Rédaction RÖMERTOPF.

SOMMAIRE

▢ Cuisine d'Europe centrale et d'Europe du Nord   ▢ Cuisine méditerranéenne   ▢ Cuisine exotique

PORC
BOEUF
VEAU
AGNEAU
GIBIER
VOLAILLE
VARIATIONS
POISSON
LEGUMES
GARNITURES
SOUPES
GRATINS

BOEUF

	 préparation express	temps de cuisson/minutes	plat bon marché	
Cochon de lait au fenouil (Italie)	•	90		31
Filet de porc au jambon (Italie)		60		31
Filet de porc à la sauce aux olives (Espagne)		45		32
Filet de porc aux poivrons (Espagne)	•	65		32
Fricassée de porc au céleri (Grèce)	•	60	•	32
Côtelettes aux haricots (Grèce)		60	•	33
Longe de porc à l'ananas (Thaïlande)	•	90		33
Cotis de porc à l'ananas (Thaïlande)		60		33
Emincé de boeuf		60	•	36
Emincé de boeuf épicé		60	•	36
Emincé de boeuf dominical		60		36
Rôti de boeuf		150	•	36
Rôti lardé		150	•	37
Assiette de viande de boeuf	•	180	•	37
Assiette de viande de boeuf aux légumes	•	180	•	37
Boeuf en daube		150-180	•	37
Boeuf en daube express	•	180	•	38
Boeuf en daube, sauce au lard		180		38
Boeuf en daube dominical		180		38
Paupiettes		120		38
Paupiettes "Poule Bertha"		120		38
Rôti au poivre (Scandinavie)	•	60	•	38
Rôti à la moutarde (Pologne)		60	•	38
Rôti viennois (Autriche)		60		39
Rôti viennois pour gourmets (Suisse)		60		39
Rôti Esterhazy (Hongrie)		60		39
Rôti Stéphanie (Autriche)		120	•	39
Culotte de boeuf à la viennoise (Autriche)	•	180		40
Pörkölt (Hongrie)		120	•	40
Pörkölt des bergers (Hongrie)		120	•	40
Goulasch des steppes (Hongrie)		120	•	40

 préparation express

 temps de cuisson/minutes

plat bon marché

		![poids]	![temps]	![épices]	
	Goulasch viennois exquis		120	•	40
	Boeuf en daube aux fruits (Scandinavie)		120	•	41
	Boeuf en daube rhénan		120	•	41
	Paupiettes à la Hollandaise		120	•	41
	Paupiettes épicées (Hongrie)		120	•	41
	Rôti de boeuf à la française	•	300		41
	Rôti de boeuf au chianti (Italie)	•	240		41
	Rôti de boeuf au vin blanc (Sardaigne)		240		42
	Rôti de boeuf au chocolat (Espagne)		300		42
	Pot-au-feu (France)	•	180		42
	Viande de boeuf froide (Pays Basque)	•	180		42
	Paupiettes farcies au salami (Italie)		120		43
	Emincé de boeuf aux oignons (Italie)		150	•	43
	Emincé de boeuf (Corse)		150	•	43
	Ragoût de boeuf au yaourt (Turquie)	•	150	•	43
	Potée au boeuf et aux tomates (Grèce)		150		44
	Potée au boeuf et aux tomates (Afrique du Nord)		150	•	44
	Ragoût aux queues de boeufs (France)		210		44
	Queues de boeufs (Italie)		210		45
	Langue de boeuf braisée (France)		180		45
	Viande de boeuf au sésame (Corée)	•	45		45
	Potée épicée (Caraïbes)	•	120	•	45
	Potée au boeuf et au maïs (Mexique)	•	60	•	46
VEAU	Rôti de veau		150		48
	Rôti de veau en croûte		150		48
	Rôti de veau en sauce		150		48
	Rognonnade de veau		150		48
	Poitrine de veau farcie		120		48
	Paupiette de veau		90		49
	Rôti de veau lardé ou piqué (Hongrie)		90		49
	Jarret de veau (Sud de l'Allemagne, Autriche)	•	150		49

Cuisine d'Europe centrale et d'Europe du Nord

Cuisine méditerranéenne

Cuisine exotique

	préparation express	temps de cuisson/minutes	plat bon marché
Jarret de veau bardé aux girolles	•	150	50
Jarret de veau pané (Belgique)		150	50
Jarret de veau (Suisse)		150	50
Poitrine de veau farcie à la viande (Suisse)		120	50
Poitrine de veau farcie aux légumes épicés (Hongrie)		120	50
Poitrine de veau farcie (Nord de l'Allemagne)		120	50
Poitrine de veau Worcestershire (Angleterre)		120	51
Paupiettes de veau farcies aux oeufs (Suisse)		120	51
Paupiettes de veau au fromage		120	51
Côtelettes de veau à la bonne femme (Sud de l'Allemagne, Autriche)		60	51
Côtelettes de veau à la crème, Suisse		60	51
Viande de veau à la bavaroise (Sud de l'Allemagne, Tchécoslovaquie)		120	51
Rôti de veau aux morilles (France)		180	52
Rôti de veau aux olives farcies (Espagne)		180	52
Viande de veau à la sauce au thon (Italie)	•	120	52
Osso buco (Italie)		120	53
Roulades de veau sur lit de légumes (Espagne)		60	53
Roulades de veau au sherry (Espagne)		60	54
Roulades de veau (Italie)	•	60	54
Roulades de veau (Algérie)	•	60	54
Viande de veau aux champignons (France)		120	54
Fricandeaux de veau (France)		120	54
Poitrine de veau farcie (Italie)		120	55
Tripes à la Bonne femme (France)	•	60	55
Tripes à la florentine (Italie)		60	55
Gigot d'agneau braisé (Sud de l'Allemagne, Autriche, Suisse)		150	58
Gigot d'agneau Cumberland (Angleterre)		150	58

VEAU

AGNEAU

GIBIER

VOLAILLE

VARIATIONS

POISSON

LEGUMES

GARNITURE

SOUPES

GRATINS

AGNEAU

 préparation express

 temps de cuisson/minutes

 plat bon marché

	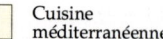		
Agneau avec sauce à l'aneth (Scandinavie)	•	120		58
Selle d'agneau aux champignons (Bohême, Pologne)		90		58
Selle d'agneau avec sauce à la menthe (Angleterre)		90		59
Emincé d'agneau au chou frisé (Belgique)		90		59
Emincé d'agneau aux choux de Bruxelles (Hollande)		90		59
Viande d'agneau aux haricots verts (Russie)		90		59
Gigot d'agneau (France)	•	90		60
Gigot d'agneau mariné (France)		90		60
Gigot d'agneau flambé (France)		90		60
Côtelettes d'agneau au four		75		60
Côtelettes d'agneau au four et gratinées (France)		75		61
Selle d'agneau marinée (Italie)		90		61
Selle d'agneau aux olives (Espagne)		90		61
Selle d'agneau (Italie)		90		62
Fricassée d'agneau (Croatie)	•	90	•	62
Agneau à la méditerranéenne (France)		120	•	62
Agneau aux légumes (Grèce)		90	•	62
Agneau aux légumes (Turquie)		90		63
Pilaf d'agneau (Afrique du nord)	•	90	•	63
Pilaf d'agneau (Turquie)		90	•	63
Pilaf d'agneau (Grèce)	•	90	•	63
Agneau aux épices (Inde)		90		63
Agneau aux tomates (Inde)	•	90		64
Brochettes d'agneau (Inde)	•	90		64

GIBIER

Rôti de cerf mariné		120	66
Rôti de cerf mariné au vin rouge et au babeurre		120	66
Rôti de cerf à la nature		120	66
Rôti de chevreuil		120	66
Rôti de chevreuil aux champignons		120	66
Marcassin		120	67

Cuisine d'Europe centrale et d'Europe du Nord   Cuisine méditerranéenne   Cuisine exotique

PORC
BOEUF
VEAU
AGNEAU
GIBIER
VOLAILLE
VARIATIONS
POISSON
LEGUMES
GARNITURES
SOUPES
GRATINS

	préparation express	temps de cuisson/minutes	plat bon marché
Marcassin mariné		120	67
Rôti de lapin à l'ancienne		90	• 67
Rôti de lièvre	•	90	67
Rôti de lièvre épicé		90	68
Brochettes de gibier		90	68
Perdreaux rôtis		75	68
Faisan		90	68
Rôti de cerf à l'aigre-douce (Europe de l'Est)		90	68
Rôti de cerf avec garniture (Scandinavie)		90	68
Paupiettes de cerf (Hongrie)		90	69
Goulasch aux poivrons (Hongrie)		90	69
Rôti de marcassin "Chasseur" (Nord de l'Allemagne)		90	69
Marcassin à la sauce aux câpres (Suisse)		90	69
Lapin à la bière (Allemagne)		150	• 69
Lapin à l'aigre-douce (Belgique)		150	70
Lapin au fromage (Hollande)		150	70
Perdrix farcies (Russie)		75	70
Chevreuil à la crème à la moutarde (France)	•	90	70
Chevreuil sur lit de lentilles (Espagne)		120	71
Selle de chevreuil "Gourmet" (France)		120	71
Ragoût de lièvre au vin (Italie)		120	71
Lièvre aux tomates (Italie)		120	72
Lièvre aux raisins secs (Espagne)		120	72
Lièvre à la sauce aux noix (Grèce)	•	120	• 72
Lapin Marengo (Italie)		90	• 72
Lapin aux raisins (Grèce)		120	• 72
Perdrix au chou blanc (France)		60	72
Perdrix au vin blanc (Italie)		75	73
Perdrix "Chasseur" (Espagne)		75	73
Perdrix marinées au sherry (Espagne)		60	73

préparation express   temps de cuisson/minutes   plat bon marché

		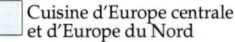		
VOLAILLE		⏱	🥘	
Coquelets rôtis	•	90	•	76
Coquelets rôtis farci		90	•	76
Coquelets rôtis - sauce à la crème	•	90	•	76
Coquelet lardé		90	•	76
Fricassée de volaille		75	•	76
Fricassée de volaille "bonne femme"		75	•	76
Poularde rôtie	•	90		77
Dinde rôtie (pour 8 portions)	•	150		77
Dinde farcie		180		77
Farce classique pour dinde				77
Oie rôtie		180		78
Oie farcie à la viande		180		78
Abattis d'oie	•	180	•	78
Abattis d'oie avec légumes	•	180	•	79
Abattis d'oie marinée		180	•	79
Abattis d'oie à la sauce aux légumes épicée	•	180	•	79
Pigeons rôtis et farcis		60		79
Poulet au paprika (Hongrie)	•	60	•	79
Coquelets rôtis gratinés au fromage (Hollande)	•	90	•	80
Coquelets rôtis farcis aux champignons (Bohême)		90		80
Fricassée dominical (Suisse)		90		80
Fricassée de volaille "Copenhague" (Danemark)		90	•	80
Fricassée de volaille (Pologne)		90	•	80
Dinde aux airelles (Angleterre)		90		80
Dinde avec sauce aux légumes (Belgique)		150		80
Oie farcie aux pommes (Nord de l'Allemagne)		150		81
Oie farcie aux riz (Suisse)		150		81
Oie au pain d'épices (Nord de l'Allemagne)		150		81
Abattis d'oie (Scandinavie)		150		81
Cou d'oie farci (Suisse)		60	•	81
Potée d'oie strasbourgeoise (France)		180		82

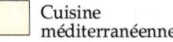

Cuisine d'Europe centrale et d'Europe du Nord — Cuisine méditerranéenne

Cuisine exotique

PORC
BOEUF
VEAU
AGNEAU
GIBIER
VOLAILLE
VARIATIONS
POISSON
LEGUMES
GARNITURES
SOUPES
GRATINS

Canard sur lit de choucroute alsacienne (France)		120		82
Potée aux pigeons (Bohême)		60		83
Pigeons rôtis aux épices (Scandinavie)		60		83
Poule farcie (Espagne)		90	•	83
Poule farcie "Gourmet" (France)		90	•	84
Poule farcie (Grèce)		90	•	84
Poule-au-pot (Italie)		60		84
Poule-au-pot à la sauce aux noix (Turquie)		60		84
Poule-au-pot aux olives (Afrique du nord)		60	•	84
Poulet rôti sur lit de riz et de légumes (Croatie)		75		84
Poule aux légumes (Liban)	•	75	•	85
Poule aux poivrons (Grèce)	•	75	•	85
Poule aux divers légumes (Turquie)	•	75	•	85
Poule au fromage de chèvre (Turquie)	•	75	•	85
Poule au vin blanc et à l'estragon (France)	•	60	•	85
Poule au vin rouge (France)	•	90	•	86
Poule au citron (Grèce)	•	90	•	86
Poule aux figues (Syrie)	•	75	•	86
Poule aux amandes (Turquie)	•	90	•	86
Poule à la sauce au thon (Italie)	•	90	•	86
Poule aux poivrons (Espagne)	•	90	•	86
Poule aux tomates (Grèce)	•	90	•	87
Dinde farcie aux marrons (France)		150		87
Dinde farcie "Caballero" (Espagne)	•	150	•	87
Dinde aux champignons (Espagne)	•	150		87
Canard à la niçoise (France)	•	120		87
Canard mariné à l'aigre-douce (Italie)	•	120		87
Canard aux griottes (France)	•	120		87
Canard aux tomates (Italie)	•	120		88
Oie farcie aux marrons		180		88
Oie farcie aux marrons et à l'ananas		180		88

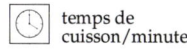 préparation express    temps de cuisson/minutes   plat bon marché

VARIATIONS

Poule au jambon et à la sauce au rhum (Caraïbes)	•	45		88
Poulet au curry (Inde)		60	•	88
Poule au yaourt (Thaïlande)	•	120	•	89
Tortillas de poulet (Mexique)		90	•	89
Canard aigre-doux (Chine)		60		89
Pain de viande au fromage (Hollande)	•	75	•	92
Pain de viande (Suisse)	•	75	•	92
Pain de viande (Hongrie)		75	•	92
Paupiettes de chou		70	•	92
Paupiettes de chou à la sauce tomate (Autriche)		70	•	93
Potée au chou		90	•	93
Pommes farcies	•	60	•	93
Brochettes épicées	•	30	•	93
Tomates farcies	•	60	•	94
Coeur de veau à la sauce piquante	•	90	•	94
Foie lardé (Suisse)		90	•	94
Hachis à la sauce bolognèse	•	180	•	95
Moussaka (Grèce)		60	•	95
Moussaka (Turquie)		60	•	96
Moussaka au chou frisé (Croatie)		45	•	96
Potée d'agneau aux aubergines (Afrique du nord)		60	•	96
Hachis au yaourt (est de la Méditerranée)		45	•	97
Boulettes de viande à la sauce tomate (est de la Méditerranée)	•	45	•	97
Gratin de pâtes "Pastitsio" (Grèce)	•	45	•	97
Potée au chou blanc (Turquie)		60	•	97
Potée aux haricots et oignons (Serbie)		120		98
Hachis épicé (Pakistan)		90		98
Roulé au hachis (Indonésie)		60	•	99
Rouleaux de printemps (Chine)		45	•	99
Baked Beans (USA)		150		99

Cuisine d'Europe centrale et d'Europe du Nord   Cuisine méditerranéenne   Cuisine exotique

PORC
BOEUF
VEAU
AGNEAU
GIBIER
VOLAILLE
VARIATIONS
POISSON
LEGUMES
GARNITURES
SOUPES
GRATINS

POISSON		🖊	🕐	🦐
	Poisson poché mariné		30		102
	Fricassée de poisson		45		102
	Potée de poisson et crevettes (Danemark)		60		103
	Potée de poisson "Hamburg" (Nord de l'Allemagne)	•	60		103
	Filets de poissons "Baden-Baden" (Sud de l'Allemagne, Suisse)		45		103
	Goulasch au poisson (Autriche)	•	60		103
	Goulasch au poisson (Hollande)		60		104
	Goulasch au poisson (Pologne)		60		104
	Filets de poissons sur lit de choucroute (Alsaß)		60		104
	Filets de poissons sur lit de choucroute (Hongrie)		60		104
	Paupiettes de poisson, sauce épicée (Hongrie)		45		104
	Carpes au poivron rouge (Hongrie)		60		104
	Perche aux tomates (Belgique)		70		105
	Brochet à la pâte d'anchois (Suède)		60		105
	Truite gratinée (Autriche)		50		106
	Sole à la hambourgeoise (Nord de l'Allemagne)		60	•	106
	Anguille à la bourguignonne (France)	•	45		106
	Truite gratinée (France)		45		107
	Poisson de mer aux olives (Grèce)		40		107
	Poisson de mer sur lit de légumes (Espagne)		45		107
	Poisson de mer aux amandes (Turquie)		45		107
	Poisson épicé (Maroc)	•	45		108
	Poisson de mer aux olives (Grèce)		45		108
	Poisson de mer à la sauce au safran (Syrie)	•	40		108
	Potée de poissons aux oeufs (Espagne)		60		108
	Thon au four (Italie)	•	40		108
	Thon lardé et mariné (France)		45		109
	Pieuvre aux petits pois (Italie)		150		109
	Pieuvre au vin blanc (Grèce)		60		109
	Paupiettes de poisson épicées (Tunisie)		45		110

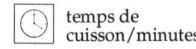 préparation express   🕐 temps de cuisson/minutes   plat bon marché

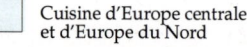

	Potée de poissons Cacciucco (Italie)		90		110
	Bouillabaisse (France)		60		110
	Soupe de poissons (Grèce)		60		111
	Soupe de poissons (Espagne)	•	60		111
	Soupe de poissons (Croatie)		60		111
	Poisson braisé (Chine)	•	75		111
	Potée de poisson (Chine)		90		112
	Poisson braisé aux oeufs (Indonésie)		60		112
	Crevettes au curry (Inde)	•	30		112
LEGUMES	Chou-fleur multicolore (Scandinavie)	•	30	•	114
	Chou-fleur aux tomates (Mer Noire)		40	•	114
	Haricots verts à la crème acidulée (Russie)		60	•	114
	Haricots blancs secs (Hongrie)		150	•	114
	Petits pois au vin (Autriche)		30	•	115
	Pois cassés (Suisse)		60	•	115
	Concombre étuvé (Scandinavie)	•	45	•	115
	Chicorée au jambon (Belgique)	•	30	•	116
	Chou rave farci (Belgique)	•	30	•	116
	Poireau (Belgique)	•	30	•	116
	Lentilles à la crème (Pologne)		90	•	117
	Carottes aux fines herbes (Bohême)		30	•	117
	Poivron (Hongrie)	•	45	•	117
	Choux de Bruxelles (Sud de l'Allemagne, Autriche)		45	•	117
	Chou rouge (Allemagne, Autriche)		60	•	118
	Choucroute (Bohême)	•	120	•	118
	Chou-navet à la crème (Suisse)	•	45	•	118
	Navets jaunes (Nord de l'Allemagne)	•	45	•	118
	Tomates étuvées (Europe Centrale)	•	30	•	118
	Chou blanc (Bohême)		60	•	119
	Pudding au chou frisé (Hongrie)		60	•	119
	Courgette (Hollande)	•	45	•	119

Cuisine d'Europe centrale et d'Europe du Nord — Cuisine méditerranéenne — Cuisine exotique

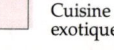

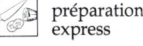

	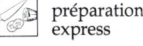			
Purée d'oignons (Suisse)	•	45	•	119
Fenouil gratiné (Italie)	•	45		120
Petits pois au sherry (Espagne)		45	•	120
Aubergines farcies (Turquie)		45	•	120
Haricots verts (Espagne)		60	•	121
Cocos blancs (Italie)		150		121
Concombres étuvés (Croatie)		45	•	121
Pois chiche (Maroc)		60		122
Potée au poireau (Turquie)		60	•	122
Carottes au vin (Espagne)		45	•	122
Poivron au fromage (Slovénie)	•	60	•	122
Champignons à la crème (Italie)		30		123
Céleri (en branches ou rave) étuvé (Italie)		45		123
Epinards et bettes		40	•	123
Ragoût aux tomates "Savarin" (France)	•	30	•	123
Chou blanc ou frisé épicé (Liban)	•	40	•	123
Chou épicé (Turquie)	•	40	•	124
Courgette étuvée (Grèce)		40	•	124
Oignons étuvés à l'aigre-douce (France)	•	40	•	124
Ratatouille (France)		150	•	124
Légumes en mélange (Espagne)		150	•	124
Légumes en mélange (Turquie)		150	•	124
Crêpes aux champignons (Brésil)		60		125
Haricots rouges ou noirs piquants (Mexique)		120	•	125
Potée aux germes de soja (Inde)		45	•	125
Pommes de terre		75		128
Goulasch aux pommes de terre		60		128
Pommes de terre et poireaux (Belgique)		60		128
Gâteau de pommes de terre (Russie)		45		128

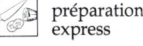 préparation express   temps de cuisson/minutes   plat bon marché

 GARNITURES

PORC
BOEUF
VEAU
AGNEAU
GIBIER
VOLAILLE
VARIATIONS
POISSON
LEGUMES
GARNITURES
SOUPES
GRATINS

Pommes de terre à la savoyarde		60		129
Rösti suisses		45		129
"Stovies" de pommes de terre à l'anglaise		60		129
Pommes de terre au cumin à la hollandaise		45		129
Pommes de terre au fromage (Scandinavie)		60		129
Riz		40		130
Riz pilaf		30		130
Riz aux champignons		45		130
"Risi bisi"		40		130
Pommes de terre en papillotes (France)	•	60	•	130
Pommes de terre aux fines herbes (Espagne)		60	•	130
Pâtes aux oeufs (France)	•	20	•	131
Polenta (Italie)	•	60	•	131
Polenta aux tomates (Italie)	•	60	•	131
Gnocchi au four (Italie)		30		131
Couscous (Afrique du nord)		60		132
Risotto (Italie)	•	45	•	132
Riz (France)	•	45	•	132
Riz aux amandes	•	45	•	132
Riz aux dattes (Turquie)		45		132
SOUPES — Délicieuse soupe aux pois		150	•	134
Soupe de pommes de terre épaisse	•	75	•	134
Oxtail	•	180		134
Soupe avec des restes		120		135
Potée à la saucisse et quenelles de moelle		60	•	135
Potée à la volaille et aux nouilles	•	60	•	135
Bortsch (Russie, Pologne)		150	•	136
Soupe aux légumes Schtschi (Ukraine)	•	90	•	136
Soupe au chou suédoise (Suède)		90	•	136
Soupe à l'orge perlé (Angleterre)	•	90	•	136
Soupe aux épinards (Hollande)	•	45	•	137

Cuisine d'Europe centrale et d'Europe du Nord   Cuisine méditerranéenne   Cuisine exotique

			PORC
			BOEUF
			VEAU
			AGNEAU
			GIBIER
			VOLAILLE
			VARIATIONS
			POISSON
			LEGUMES
			GARNITURES
			SOUPES
			GRATINS

Plat	Préparation express	Temps de cuisson	Plat bon marché	Page
Potée (Sud de l'Allemagne)		120	•	137
Lentilles à la mode de Francfort (La Hesse)		90	•	137
Potée de Westphalie		150	•	137
Potée viande de boeuf et aux champignons (Bohême)		40		138
Potée suisse		10		138
Irish Stew (Irlande, Angleterre)		120	•	138
Potée aux navets (Scandinavie, Nord de l'Allemagne)	•	120	•	139
Potée au brocoli et au hachis (Suisse)	•	90	•	139
Potée de poisson (Hollande)		90		139
Potée aux cocos blancs et à la choucroute (Belgique)		150	•	139
Hotpot (Angleterre)		150	•	140
Chou blanc "Djuvec" (Bosnie)		90	•	140
Potée au poulet (France)		90		140
Potée aux légumes et à la viande "Bolaggio" (Italie)		120	•	141
Goulasch au riz (Croatie)		120	•	141
Potée à l'agneau et au blé (Maroc)		120	•	141
Pilaf au porc (Serbie)		45		142
Pilaf à l'agneau (Turquie)		45		142
Pilaf au yaourt (Turquie)		45		142
Pilaf épicé (Turquie)		45		142
Pilaf (Croatie)		45		142
Olla porida (Espagne)		210		142
Risotto aux champignons (Espagne)		40		142
Couscous (Tunisie)		120		143
Soupe de légumes à l'aigre-douce (Chine)		60		143
Jambalaya (Amérique latine)		45		143
GRATINS Pâté au foie (Belgique)		75	•	146
Pâté au gibier (Hollande)		100		146
Pâté gratiné au gibier (Hollande)		100		146
Pâté aux champignons (Bohême)		60		146
Pâté de viande et de poissons (Europe de l'Est)	•	90	•	147

 préparation express   temps de cuisson/minutes   plat bon marché

		⏲		
Gratin au chou-fleur et au poisson (Scandinavie)		45		147
Gratin de pâtes (Autriche)		45	•	148
Tagliatelles au fromage et à la crème		30	•	148
Pâtes à la choucroute (Sud-Ouest de l'Allemagne, Alsace)		45	•	148
Gratin au thon (Suisse)		40	•	148
Crêpes à la saucisse de foie (Hongrie)		30	•	149
Soufflé aux épinards (Hollande)		45	•	149
Crêpes aux épinards gratinées (Hollande)		35	•	149
Soufflé au fromage (Hollande, Suisse)	•	55	•	150
Soufflé au fromage blanc et pommes de terre (Pologne)		40	•	150
Gratin au porc avec pommes (Angleterre)		90	•	150
Lasagnes (Italie)		40	•	151
Gratin de macaronis (Sicile)		60	•	151
Gratin de pâtes (Turquie)	•	40	•	152
Soufflé aux pommes de terre (France)		40	•	152
Gratin de pommes de terre		60		152
Gratin de pommes de terre Parmentier (France)		60		153
Gratin de courgettes (Italie)	•	40	•	153
Risotto (Italie)	•	45	•	153
Risotto aux tomates (Italie)	•	45	•	153
Riz (Croatie)	•	45	•	153
Riz (France)	•	45	•	153
Riz (Espagne)	•	45	•	153
Riz aux courgettes (Est de la Méditerranée)	•	45	•	154
Riz aux poissons (Grèce)	•	45	•	154
Riz épicé (Egypte)	•	45	•	154
Riz à la viande (Serbie)		60		154

Cuisine d'Europe centrale et d'Europe du Nord

Cuisine méditerranéenne

Cuisine exotique

DELICIEUSES RECETTES CLASSIQUES AUTOUR DU PORC

Même si cela ne se voit pas à l'oeil nu, la viande de porc est toujours recouverte d'une fine couche de graisse. C'est pourquoi elle se laisse facilement cuire sans adjonction de matière grasse et avec très peu de liquide. Dans la cocotte Römertopf elle grille même dans son jus de cuisson, sans pour autant dessécher et tout cela sans surveillance. La viande est savoureuse de toute part et vous en avez rarement dégusté une aussi bonne.

Rôti de porc

750 g de rôti (de préférence du jambon, de l'échine ou des côtes, sel, poivre du moulin, 1 oignon, 2 tomates, 1 cuill. à soupe de chapelure, du bouillon instantané, de la farine pour lier.
Temps de cuisson : env. 2 heures.
Contient pour une viande maigre env. 525 Kcal. = 2.198 Kjoules.

Laver la viande, puis la tamponner à sec avec du papier absorbant. Frotter ensuite la viande avec le sel et le poivre, puis la déposer dans la cocotte RÖMERTOPF trempée. Mettre le couvercle. Après une heure de cuisson l'arroser éventuellement d'un peu d'eau chaude. Ajouter les dés d'oignon et les quartiers de tomates. Saupoudrer de chapelure. Déglacer le jus de cuisson avec un peu de bouillon chaud. Passer à travers un chinois et rectifier l'assaisonnement. Eventuellement lier avec la farine diluée dans un peu d'eau. Accompagner de pommes de terre ou de knödels.

Rôti de porc avec sauce aux légumes

Ajouter un bouquet garni finement coupé, 1-2 gousses d'ail et 2 carottes préparées et coupées en morceaux à la viande. Arroser avec 1 tasse de bouillon instantané.

Rôti de porc à la moutarde

Badigeonner généreusement la viande de tous les côtés avec de la moutarde avant de la déposer dans la cocotte Römertopf. Cuire la viande au choix selon l'une de nos recettes. Toutefois, ce repas sera un vrai délice en badigeonnant la viande avec un mélange composé à 1/2 de moutarde condiment, 1/4 de moutarde forte et 1/4 de moutarde douce.

Rôti de porc mariné

Déposer la viande 48 heures avant la cuisson dans une marinade (voir recette du rôti mariné page 37). Pour la sauce, utiliser cette marinade.

Rôti de porc à l'orange

Saupoudrer le rôti avec du sel et du poivre multicolore, puis le déposer dans la cocotte RÖMERTOPF trempée. Rincer à l'eau chaude une orange non traitée et en râper le zeste. Ajouter à la sauce terminée le jus de l'orange et la chair émiettée d'une deuxième orange. Epicer le tout avec le sel et des grains de poivre vert en saumure. En accompagnement, servir des pommes de terre nouvelles persillée et légèrement rôties dans du beurre.

Rôti de porc à la sauce à la crème

Contient env. 585 Kcal. = 2.448 Kjoules

Préparer le rôti suivant la recette de base. Mélanger le jus de cuisson avec 200 g de crème acidulée et affiner la sauce avec du persil finement haché. Un peu de cognac et du poivre concassé rehaussent encore plus le goût.

Cochon de lait

1000 g de viande de cochon avec os, sel, poivre du moulin, de la couenne de lard fumé, 1 oignon, 4 cuill. à soupe de bouillon instantané épicé, 1/8 l de bière, 1/8 l de lait.

Temps de cuisson : env. 2 heures
Contient env. 550 Kcal. = 2.300 Kjoules

Bien rincer la viande et la tamponner à sec avec du papier absorbant, puis la frotter généreusement avec sel et poivre. La déposer dans la cocotte RÖMERTOPF trempée avec la couenne et l'oignon pelé et haché. Mouiller avec le bouillon et mettre le couvercle. Pour la dernière demie heure de cuisson, ôter le couvercle. Arroser à 5 minutes d'intervalle alternativement avec la bière ou le lait. Chauffer le reste de liquide, l'ajouter à la viande et laisser mijoter 5 minutes. Conseil : la croûte dorée se fend facilement lorsqu'on coupe la viande. Pour cela, utilisez plutôt des ciseaux. En accompagnement, servir des pommes de terre.

Rôti de porc croustillant

(Sud de l'Allemagne, Autriche)

750 g de rôti de porc avec couenne,
sel, poivre du moulin, 1 cuill. à soupe de
chapelure, 1/2 cuill. à café de cumin,
1 oignon, 2 tomates, du bouillon instanta-
né, de la farine pour lier.
Temps de cuisson : env. 2 heures.
Contient avec une viande maigre env. 550
Kcal. = 2.300 Kjoules.

Rincer la viande sous l'eau froide, puis la tamponner à sec avec du papier absorbant. La frotter entièrement avec sel et poivre. Inciser la couenne en forme de losanges.
CONSEIL : il faut utiliser un couteau bien aiguisé. Vous pouvez également utiliser les ciseaux si vous préférez.
Déposer la viande avec l'oignon et les tomates dans la cocotte RÖMERTOPF trempée. Saupoudrer la couenne avec la chapelure et le cumin. Fermer la cocotte RÖMERTOPF. Eventuellement, à mi-cuisson, arroser d'un peu d'eau chaude. Déglacer le jus du rôti avec un peu d'eau. Le passer à travers un chinois ou le réduire en purée au mixer. Rectifier l'assaisonnement. Al-

longer à souhait avec le bouillon et lier avec la farine diluée dans un peu d'eau. Accompagner de knödels de pommes de terre et de salade verte.

Jarret de porc rôti

(Sud de l'Allemagne, Autriche)

1 jarret de porc de 1000 g, sel, cumin
moulu, 2 carottes, 2 oignons, 2 cuill. à
soupe de vinaigre de vin, 1 tasse de
bouillon instantané, 1 sachet de sauce
instantanée, 2 cuill. à soupe de persil
finement haché.
Temps de cuisson : env. 2 heures.
Contient env. 300 Kcal. = 1.256 Kjoules.

Laver le jarret, puis le tamponner à sec avec du papier absorbant, puis le frotter avec le cumin avant de le déposer dans la cocotte RÖMERTOPF trempée. Préparer les carottes et les oignons, les couper grossièrement et les ajouter à la viande. Mélanger le vinaigre et le bouillon et incorporer également ce mélange. Mettre le couvercle. Lier le jus de cuisson avec la préparation pour sauce délayée et l'affiner avec le persil. Oter le couvercle et poursuivre ainsi la cuisson pendant env. 10 minutes pour obtenir une croûte bien croustillante. Accompagner de knödels ou de knödels aux pommes de terre, de légumes ou de choucroute.

Jarret épicé Bohême

Ajouter aux légumes de la recette de base avec une feuille de laurier écrasée, 1 gousse d'ail pressée, des clous de girofle en poudre et 1 cuill. à soupe de concentré de tomates. Mouiller avec du vin et un peu de jus de citron.

PORC
BOEUF
VEAU
AGNEAU
GIBIER
VOLAILLE
VARIATIONS
POISSON
LEGUMES
GARNITURES
SOUPES
GRATINS

Jarret de porc au vin blanc

Pour la sauce, utiliser 1/4 l de vin blanc sec. Epicer avec du bouillon instantané.

Kassler

(Allemagne)

750 g de kassler, 1 bouquet garni,
1 tomate, 1 oignon, un peu de préparation
pour sauce, 1 cuill. à café de moutarde,
poivre du moulin.
Temps de cuisson : 2 heures.
Contient env. 400 Kcal. = 1.674 Kjoules.

Rincer la viande et la tamponner à sec avec du papier absorbant. La déposer dans la cocotte RÖMERTOPF trempée. Mettre le couvercle. Après 60 minutes, arroser avec 2 tasses d'eau chaude et ajouter le bouquet garni coupé en morceaux, la tomate coupée en quartiers et l'oignon coupé en dés. Poursuivre la cuisson pendant 45 minutes supplémentaires, puis laisser encore dorer sans couvercle pendant 15 minutes à 220-250° C pour obtenir une belle croûte croustillante. Lier la sauce avec la préparation pour sauce diluée dans un peu d'eau et assaisonner avec moutarde et poivre du moulin. Conseil : si vous saupoudrez la viande de sucre avant de la faire dorer, vous obtiendrez une croûte encore plus irrésistible. Accompagner de purée de pommes de terre et de choucroute ou de pommes de terre et de salade.

Cotis à la forestière

Ajouter tout simplement à souhait des champignons. Les champignons déshydratés sont l'idéal. Remplacer 1 tasse d'eau par 1 tasse de vin rouge. Incorporer à la cuisson quelques baies de genièvre concassées.

Cotis grillés

Dans la cocotte RÖMERTOPF cuire la viande préparée dans son jus de cuisson sans autres ingrédients pendant env. 90 minutes à 220° C.

Cotis à la forestière, Bohême

Ajouter des champignons au choix. Les champignons déshydratés sont l'idéal. Remplacer 1 tasse d'eau par 1 tasse de vin rouge. Incorporer à la cuisson quelques baies de genièvre concassées. Affiner la sauce avec de la crème acidulée.

Côte de porc farcie

(Scandinavie, Nord de l'Allemagne)

1.200 g de côte épaisse (à l'achat, de
préférence laisser le boucher diviser l'os
et inciser une poche), 100 g de fruits secs,
1-2 pommes acidulées, 2 cuill. à soupe de
raisins secs, 1 cuill. à soupe d'amandes
effilées, sel, poivre du moulin.
Temps de cuisson : 1 heure 30 à 2 heures.
Laisser tremper les fruits secs pendant environ
12 heures.
Contient env. 500 Kcal. = 2.093 Kjoules.

Tremper les fruits secs env. 12 heures dans de l'eau, puis les égoutter. Peler les pommes, ôter le trognon et les émincer. Mélanger les fruits secs et les morceaux de pommes avec les raisins secs et les amandes. Laver la viande à l'intérieur comme à l'extérieur, la tamponner à sec avec du papier absorbant, puis la frotter avec sel et poivre. La farcir avec le mélange aux fruits. Coudre la poche avec du fil en coton blanc ou faire tenir avec des cure-dents. Déposer le tout dans la cocotte RÖMERTOPF trempée. Accompagner de pommes de terre ou knödels aux pommes de terre et de la salade verte.

Poitrine de porc farcie à la hollandaise

Remplir la poche avec une farce à base de gouda, de petits pains trempés, puis pressés, de persil haché, d'un jaune d'oeuf, de raisins secs, sel, poivre, paprika en poudre et de persil haché.

Goulasch à la viande de porc

(Autriche)

600 g de viande de porc pour goulasch,
30 g de saindoux (chez votre boucher),
300 g d'oignons, 1 gousse d'ail, 1 cuill.
à soupe de farine, 1 cuill. à soupe de
paprika doux en poudre, 1/4 l de bouillon
instantané épicé, 1/8 l de crème acidulée,
sel, 1 cuill. à soupe de persil haché.
Temps de cuisson : une bonne heure.
Contient env. 700 Kcal. = 2.936 Kjoules.

Laver la viande, puis la tamponner à sec
avec du papier absorbant. Oter le gras.
Cuire la viande dans la poêle avec les oignons pelés et coupés grossièrement et
l'ail haché dans le saindoux. Puis déposer
le tout dans la cocotte RÖMERTOPF trempée. Mélanger avec le paprika et la farine
et déglacer avec le bouillon et la crème acidulée. Saler légèrement et ajouter le persil.
Mettre le couvercle. Accompagner de
pâtes ou de pommes de terre vapeur.

Goulasch de porc à la hongroise

Faire revenir 100 g de lard fumé maigre
coupés en dés dans une poêle, puis y faire
rôtir la viande. Il n'est pas besoin d'ajouter
du saindoux. Ajouter 3 gousses d'ail et 1
cornichon coupé en dés. Agrémenter la
sauce avec du concentré de tomates et du
cumin.

Jambon braisé

(Scandinavie), illustration page 25

200 g de fruits secs, 800 g de jambon cuit
entier, 1 feuille de laurier, 1 cuill. à café de
grains de poivre, 2 cuill. à soupe de
moutarde, 2 cuill. à soupe de chapelure,
1 cuill. à café de sucre.
Temps de cuisson : env. 75 minutes.
Tremper les fruits secs dans l'eau pendant 12
heures.
Contient env. 500 Kcal. = 2.092 Kjoules.

Tremper les fruits secs dans l'eau pendant
env. 12 heures. Déposer le jambon dans la
cocotte RÖMERTOPF trempée. Ajouter
les épices et les fruits secs, mouiller avec
1/2 l d'eau. Mettre le couvercle. Badigeonner le jambon durant le dernier
quart d'heure avec une pâte composée de
moutarde, de chapelure et de sucre.
Accompagner de pain.

La viande de porc est très peu utilisée
dans les régions méditerranéennes et
uniquement les parties maigres. Dans
la cuisine islamique comme l'Afrique
du nord ou encore la Turquie cette
viande n'apparaît naturellement pas.
La particularité de nos recettes du sud :
les légumes (quelquefois les fruits)
sont toujours présents et le vin leur
donne souvent du cachet. Voici enfin
quelques recettes savoureuses allant
de France jusqu'en Dalmatie.

Echine aux fines herbes et au vin

(Italie)

Laurent 1er de Médicis (dit le Magnifi-
que), protecteur des arts et des lettres
lors de la Renaissance nommait ce
plat "arista" c'est-à-dire le meilleur. Jusqu'à aujourd'hui, ce plat enchante les
italiens comme les touristes. Sa particularité : la viande mijote au moins 3
heures à petit feu dans du vin aux
fines herbes. C'est l'idéal pour la cocotte RÖMERTOPF !

800 g d'échine de porc (ou roulé), 2 cuill.
à soupe ou 1 cuill. à café et demie de
sauge déshydratée, autant de romarin, sel,
poivre blanc du moulin, 3 gousses d'ail,
1 pincée de râpure de muscade, 2 cuill. à
soupe d'huile d'olive, 2 oignons, 1/2 l de
vin rouge corsé (chianti), 1 céleri en
branches, 2 cuill. à soupe de persil haché.
Temps de cuisson : au moins 3 heures à
180° C.
Contient env. 550 Kcal. = 2.300 Kjoules.

PORC
BOEUF
VEAU
AGNEAU
GIBIER
VOLAILLE
VARIATIONS
POISSON
LEGUMES
GARNITURES
SOUPES
GRATINS

Laver la viande et la tamponner à sec avec du papier absorbant. Hacher toutes les herbes finement. Ajouter sel, poivre, ail pressé, râpure de muscade et huile et mélanger pour obtenir une masse épicée.
En badigeonner la viande, puis l'envelopper dans du film alimentaire plastique et laisser reposer au moins 1 heure.
Puis rôtir de tous les côtés dans la poêle chaude sans adjonction de graisse et déposer ensuite dans la cocotte RÖMERTOPF trempée.
Peler les oignons, les hacher finement et les ajouter ainsi que le vin. Aromatiser avec sel, poivre, des morceaux de céleri et le persil et mettre le couvercle. Pour finir, retirer la viande du jus et réserver 10 minutes au chaud.
Entre-temps, passer le jus à travers un chinois et le recueillir dans une casserole. Bien réduire le tout.

CONSEIL : la viande est servie en tranches très fines. De préférence coupez-la froide avec la trancheuse à pain. Pour cela, cuisez la viande à temps pour qu'elle ait le temps de refroidir dans le jus de cuisson. Réchauffer avec précaution les tranches dans la sauce. Votre RÖMERTOPF le fera sans dessécher la viande. Les accompagnements classiques sont le pain blanc et le fenouil.

Echine de porc piquée aux fines herbes

(Italie)

Piquer la viande avant de la cuire avec des morceaux d'ail, des aiguilles de romarin et quelques clous de girofle.

Rôti de porc aux mirabelles

(France)

800 g d'épaule de porc maigre, sel, poivre du moulin, thym frais finement coupé ou déshydraté et émietté entre les doigts, 1 gousse d'ail, 1 tasse de bouillon instantané, 500 g de mirabelles, 2 cuill. à soupe de sucre, 1 cuill. à soupe de vinaigre de vin, 2 cuill. de cognac, 400 g d'oignons grelots, 1 cuill. à café de fécule.
Temps de cuisson : env. 2 heures 30.
Contient env. 650 Kcal. = 2.720 Kjoules.

Laver la viande, puis la tamponner à sec avec du papier absorbant. La frotter de tous les côtés avec sel, poivre, thym et ail pressé. Déposer ensuite la viande dans la cocotte RÖMERTOPF trempée.
Mettre le couvercle. Entre-temps, étuver les mirabelles dans un peu d'eau, puis les égoutter tout en recueillant le jus. Porter le jus à ébullition avec le sucre tout en réservant une cuill. à café de sucre.
Faire réduire de moitié et mélanger le sirop obtenu avec le vinaigre de vin et le cognac. Après une heure et demie de cuisson disposer les oignons pelés autour de la viande et arroser le tout avec le sirop. Répéter cette opération encore deux fois à 20 minutes d'intervalles.
Puis saupoudrer la viande avec le reste de sucre et finir la cuisson sans couvercle. Dresser la viande et les oignons sur un plat de service réchauffé. Mélanger la sauce avec les mirabelles, lier légèrement avec la fécule diluée dans un peu d'eau. Rectifier l'assaisonnement et servir. Accompagner de pain blanc bien croustillant.

Rôti de porc au vin et à la coriandre

(Chypre)

Se prépare comme l'échine de porc italienne au vin, mais utiliser seulement 1/4 l de vin. Ajouter au moins 4 gousses d'ail coupées en quatre et 1 cuill. à café de coriandre. Durant la dernière demi-heure de cuisson faire évaporer l'eau en retirant le couvercle.

Rôti de porc façon marcassin

(France)

Préparer une marinade avec 1/4 l de vin rouge, un peu de vinaigre de vin, sel, oignon et ail. Donner un petit air méditerranéen en ajoutant un peu de coriandre, de thym, de sauge et de menthe fraîche. Cuire la viande comme l'échine de porc aux fines herbes (voir page 29), mais la préparer avec la marinade et non le vin. L'accompagnement idéal sont les marrons.

Viande de porc marinée aux moules

(Espagne)

Préparer la marinade avec 1/8 l de sherry sec, sel, poivre, ail et feuille de laurier.

Bien mélanger et y déposer la viande à mariner durant la nuit. Rôtir la viande, puis la cuire avec 3 tomates et les lanières de 12 poivrons. Le fin du fin est l'adjonction dans la sauce de moules en bocal égouttées.

Cochon de lait au fenouil

(Italie)

1000 g de viande de cochon de lait, sel, poivre du moulin, 2 gousses d'ail, 2 bulbes de fenouil, 1/4 l de vin blanc sec.
Temps de cuisson : env. 1 heure 30
Contient env. 400 Kcal. = 1.674 Kjoules.

Laver la viande et la tamponner à sec avec du papier absorbant, puis la frotter avec sel, poivre et ail pressé. La déposer dans la cocotte RÖMERTOPF trempée. Ajouter les bulbes préparés et couper en quartiers. Arroser avec 1 tasse de vin blanc et saupoudrer généreusement de poivre. Mettre le couvercle. L'ôter pour les 20 dernières minutes de la cuisson pour laisser dorer la viande. Arroser régulièrement de vin. En accompagnement, servir du pain blanc, de la salade et le vin utilisé pour le jus.

Filet de porc au jambon

(Italie)

500 g de filet de porc, sel, poivre du moulin, 250 g de tomates, 250 g de champignons, 200 g de jambon cuit maigre coupé en tranches, 1 gousse d'ail, un peu de thym, de romarin et de sauge, 1/8 l de crème acidulée, 1 cuill. à soupe de beurre d'anchois, 1 cuill. à soupe de ketchup.
Temps de cuisson : env. 1 heure.
Contient env. 400 Kcal. = 1.674 Kjoules.

Laver la viande et la tamponner à sec avec du papier absorbant. Oter le gras et les peaux.

PORC

BOEUF

VEAU

AGNEAU

GIBIER

VOLAILLE

VARIATIONS

POISSON

LEGUMES

GARNITURES

SOUPES

GRATINS

Couper ensuite la viande en petits morceaux, saler et poivrer. Blanchir les tomates, les peler et les couper en rondelles. Préparer les champignons, puis les couper en quatre. Tapisser le fond de la cocotte RÖMERTOPF trempée avec la moitié du jambon, puis recouvrir avec la viande et le mélange tomates-champignons. Garnir avec le reste de jambon. Mélanger les ingrédients restants et en arroser la viande. Accompagner d'une salade verte et de vin rouge. Les pâtes constituent également l'accompagnement idéal, mais ne sont pas servies en Italie.

Filet de porc à la sauce aux olives

(Espagne)

---
600 g de filet de porc, 3 cuill. à soupe
d'huile d'olive, 1 oignon, 4 gousses d'ail,
400 g de tomates, 100 ml de sherry sec, sel,
poivre du moulin, 100 g d'olives farcies
au poivron, 1 cuill. à soupe de raisins secs,
1 cuill. à soupe de persil haché, 1 cuill.
à soupe d'amandes moulues.
Temps de cuisson : env. 45 minutes.
Contient env. 450 Kcal. = 1.883 Kjoules.

Laver la viande et la tamponner à sec avec du papier absorbant. Oter le gras et les peaux et la couper en tranches épaisses. Les rôtir rapidement dans l'huile de la poêle de tous les côtés. Ajouter l'oignon pelé et coupé en dés, ainsi que les gousses d'ail. Laisser mijoter brièvement. Ebouillanter les tomates, puis les passer sous l'eau froide, les peler et les couper en rondelles avant de les déposer dans la cocotte RÖMERTOPF trempée. Arroser avec 4 cuill. à soupe de sherry, saler et poivrer. Recouvrir avec les morceaux de viande et mettre le couvercle. Lorsque la viande est cuite, la sortir de la cocotte et la réserver au chaud. Mélanger les tomates jusqu'à obtention d'une sauce presque lisse. Ajouter les olives coupées en rondelles, les raisins secs et le reste de sherry. Faire revenir le tout. Affiner avec le persil, lier avec les amandes moulues et rectifier l'assaisonnement.

Accompagner de riz.

Filet de porc aux poivrons

(Espagne)

---
env. 600 g de filet de porc, sel, poivre
du moulin, 1 gros poivron rouge, 1 gros
poivron vert et 1 gros poivron jaune,
1/2 cuill. à café de sucre, 1 pincée de
cannelle en poudre, 1/2 tasse de vin
rouge, 2 cuill. à soupe d'huile d'olive,
1 tomate, 2 gousses d'ail, 2 oignons.
Temps de cuisson : env. 65 minutes.
Contient env. 350 Kcal. = 1.464 Kjoules.

Laver la viande et la tamponner à sec avec du papier absorbant. Oter le gras et les peaux, puis la frotter avec du sel et du poivre. Laver les poivrons, les couper en quatre, ôter le trognon et les pépins et les déposer dans la cocotte RÖMERTOPF trempée. Saler et poivrer et saupoudrer de sucre et de cannelle. Arroser avec le vin et 1 cuill. à soupe d'huile. Mettre le couvercle. Ebouillanter la tomate, la peler et la couper en dés. Peler l'ail et les oignons, puis couper le tout finement et faire revenir dans l'huile d'une poêle. Ajouter la viande et la saisir de tous les côtés. A mi-cuisson, la déposer sur les poivrons. Ajouter les tomates. Assaisonner délicatement les légumes avec sel et poivre et les ajouter à la viande.

Accompagner de riz.

Fricassée de porc au céleri

(Grèce)

---
800 g d'escalopes de porc, 1 oignon,
3 cuill. à soupe d'huile, 1 cuill. à soupe de
farine, sel, poivre du moulin, 1 céleri
rave avec feuilles vertes, 2 oeufs, le jus
d'1 citron.
Temps de cuisson : env. 1 heure.
Contient env. 500 Kcal. = 2.092 Kjoules.

Laver la viande et la tamponner à sec avec du papier absorbant. Peler l'oignon et le hacher. Faire revenir dans l'huile. Retourner la viande dans la farine et la saisir en remuant constamment.

Déposer le tout dans la cocotte RÖMER-TOPF trempée, saler et poivrer. Otez les parties vertes du céleri et couper le tout en bâtonnets avant de les ajouter à la viande. Arroser avec 1 tasse d'eau chaude. Mettre le couvercle.

Accompagner de riz.

Côtelettes aux haricots
(Grèce)

4 petites côtelettes de porc, sel, poivre du moulin, 2 cuill. à soupe d'huile d'olive, 2 gros oignons, 2 gousses d'ail, 500 g d'haricots verts, 500 g de tomates, 1/4 l de vin blanc, 1 pincée de cannelle, 1 citron.
Temps de cuisson : env. 1 heure.
Contient env. 500 Kcal. = 2.092 Kjoules.

Laver la viande et la tamponner à sec avec du papier absorbant. Assaisonner avec sel et poivre, puis la saisir de tous les côtés dans l'huile. Peler les oignons et l'ail, puis hacher le tout et les faire revenir brièvement. Préparer les haricots verts, les couper en morceaux et les déposer dans la cocotte RÖMERTOPF trempée. Laver les tomates, ôter le pédoncule et la partie cernée, puis les couper en quarts et les ajouter aux haricots. Arroser le tout avec 1 tasse de vin blanc, saler, poivrer et saupoudrer de cannelle ainsi que de jus de citron. Recouvrir avec la viande les oignons et l'ail.

Accompagner de riz.

Longe de porc à l'ananas
(Thaïlande)

600 g de longe de porc, 4 gousses d'ail, sel, beaucoup de tabasco, un peu de coriandre, 400 g de chair d'ananas de préférence frais, 1 petit concombre, 3 cuill. à soupe de sauce soja, 2 cuill. à soupe de vinaigre, 2 cuill. à soupe de sucre roux ou de miel, poivre du moulin.
Temps de cuisson : env. 1 heure 30.
Contient env. 300 Kcal. = 1.255 Kjoules.

Couper la longe en quatre pièces. Presser l'ail et le mélanger avec le tabasco, le sel et la coriandre pour en frotter généreusement la viande. La déposer ensuite dans la cocotte RÖMERTOPF trempée. Mettre le couvercle. Laisser mijoter pendant 1 heure, puis ajouter l'ananas grossièrement coupé et le concombre épluché et coupé en dés. A intervalle de 10 minutes, arroser avec un mélange composé des ingrédients restants et de 3 cuill. à soupe d'eau. Le riz accompagne à merveille cette longe de porc à l'ananas.

Cotis de porc à l'ananas
(Thaïlande)

1000 g de cotis de porc, sel, poivre du moulin, 1 citron non traité, 2 cuill. à soupe d'huile de sésame, 2 cuill. à soupe de sauce soja, 1 cuill. à soupe de vinaigre, 2 cuill. à café de miel, 1 petite boîte d'ananas en morceaux, du tabasco, 1 petite pincée de gingembre.
Temps de cuisson : env. 1 heure.
Contient env. 350 Kcal. = 1.465 Kjoules.

Bien laver les cotis et les tamponner à sec avec du papier absorbant. Mélanger le sel, le poivre, un peu de zeste de citron et l'huile, puis en badigeonner les cotis. Laisser reposer la viande, puis la rôtir à la poêle. La déposer ensuite dans la cocotte RÖMERTOPF trempée. Mélanger le jus de citron et les ingrédients restants et ajouter le tout à la viande. Mouiller avec 1 tasse d'eau chaude et mettre le couvercle. Retirer le couvercle durant les 15 dernières minutes de cuisson.

Accompagner de riz.

PORC

BOEUF

VEAU

AGNEAU

GIBIER

VOLAILLE

VARIATIONS

POISSON

LEGUMES

GARNITURES

SOUPES

GRATINS

MES RECETTES PERSONNELLES
POUR LA COCOTTE RÖMERTOPF :

PREPARATION :

INGREDIENTS :

PREPARATION :

INGREDIENTS :

PREPARATION :

INGREDIENTS :

LES CLASSIQUES ET
LES SPECIALITES A BASE DE
VIANDE DE BOEUF

PORC

BOEUF

VEAU

AGNEAU

GIBIER

VOLAILLE

VARIATIONS

POISSON

LEGUMES

GARNITURES

SOUPES

GRATINS

La culotte de boeuf à la viennoise est un exemple convaincant : la viande de boeuf ne sera excellente qu'à condition de mijoter longuement. Ici il n'est pas question de précipitation car les méthodes de cuisson rapide dessèchent la viande et la rendent filandreuses. Avec la cocotte RÖMERTOPF - et un temps de cuisson à température constante - le boeuf devient un vrai régal pour le palais. Du fait que cette viande est pauvre en matière grasse, il faut toujours ajouter un peu de liquide dans la cocotte. Néanmoins elle n'en nécessite pas autant que lors d'une cuisson sur le feu car rien ne s'évapore. Après une heure de cuisson ajoutez, si nécessaire, un peu de liquide pour ne pas dessécher la viande. Il faut impérativement ajouter du liquide chaud sinon la cocotte peut casser.

CONSEIL : vous obtiendrez sans aucun doute un rôti de boeuf savoureux et fondant à souhait si vous déposez la viande dans un petit récipient (le mieux serait une petite cocotte RÖMERTOPF) et que vous l'arrosiez d'une bonne huile. Laissez reposer trois jours, puis égouttez la viande dans une passoire. L'huile récupérée pourra toujours servir pour la cuisson.

La viande de boeuf est rôtie de préférence dans une poêle très chaude et saisie de tous les côtés. Ce n'est que de cette manière que les pores se referment. Le jus reste ainsi dans la viande et ne peut s'en échapper. Pour poursuivre la cuisson suivant la recette, il n'est de meilleur accessoire que votre ROEMERTOPF. Particulièrement pour la viande de boeuf le temps de cuisson peut être prolongé, à condition de toujours veiller à ce qu'il y ait assez de liquide dans la cocotte.

Emincé de boeuf

600 g de viande pour paupiettes, sel, poivre du moulin, 1 oignon, 1 cuill. à soupe de beurre, 1 tasse de bouillon instantané, 1 tasse de vin rouge, 1 cuill. à café de moutarde, 1 cuill. à soupe de jus de citron, 300 g de champignons frais ou env. 250 g de champignons en boîte, 50 g de crème acidulée, 1 cuill. à soupe de persil finement haché.
Temps de cuisson : env. 1 heure.
Contient env. 400 Kcal. = 1.674 Kjoules.

Couper la viande en fines lamelles, saler et poivrer. Peler l'oignon et le couper en dés. Les faire revenir rapidement dans le beurre chaud avec la viande, puis déposer le tout dans la cocotte RÖMERTOPF trempée. Mélanger le bouillon avec le vin, la moutarde, le jus de citron, sel et poivre. Arroser la viande de ce mélange et mettre le couvercle. Après env. 30 minutes de cuisson, ajouter les champignons. Assaisonner l'émincé de boeuf avec sel et poivre. Lier avec la crème acidulée et affiner avec le persil.

Accompagner de pommes de terre à l'eau et de chou-fleur.

Emincé de boeuf épicé

Ajouter au plat terminé un cornichon coupé en petits morceaux et quelques grains de poivre en saumure. Diluer la sauce avec un peu de saumure des cornichons.

Emincé de boeuf dominical

Remplacer la viande pour paupiettes par 500 g d'aloyau. Remplacer également la moitié du vin rouge par de la crème fraîche. S'il n'y a pas d'enfants à table, aromatiser le mets terminé avec du cognac.

Rôti de boeuf

750 g de rôti de boeuf, 1 tasse d'huile, sel, poivre du moulin, un peu de jus de citron, 1 bouquet garni, 1 oignon, 1-2 tomates, 1/2 tasse de vin rouge, 1-2 tasses de bouillon instantané, 1 cuill. à soupe de persil finement haché.
Temps de cuisson : env. 2 heures 30.
Contient env. 400 Kcal. = 1.674 Kjoules.

Laisser reposer la viande dans l'huile comme nous le suggérions pour le rôti de boeuf savoureux et juteux en début de page. Saisir rapidement la viande dans la poêle avec l'huile restant sur la viande, puis la déposer dans la cocotte RÖMERTOPF trempée.

Saupoudrer de sel et de poivre et arroser avec le jus de citron. Préparer le bouquet garni, l'oignon et les tomates et couper le tout grossièrement. Ajouter à la viande et arroser avec le vin et 1/2 tasse de bouillon. Mettre le couvercle. A mi-cuisson, ajouter le bouillon restant. Lorsque la viande est tendre, passer la sauce à travers un chinois, compléter éventuellement avec du vin, de l'eau ou de la crème acidulée. Rectifier l'assaisonnement et affiner avec le persil.

Accompagner de riz, de pommes de terre, de pâtes ou knödels, ainsi que de la salade verte.

Rôti lardé

Larder la viande avec de la rôtir avec du lard gras. Ainsi le rôti deviendra particulièrement savoureux. Si vous ôter le lard avant de servir, il n'est pas besoin de corriger la valeur nutritive initiale.

Assiette de viande de boeuf

Le bouillon est ici très important. Vous pouvez donc utiliser la forme de cuisson la plus simple.

750 g de viande de boeuf pas trop maigre,
1/2 l de bouillon instantané, 1 os à moelle,
1 bouquet garni, 1 cuill. à soupe de
persil haché.
Temps de cuisson : env. 3 heures.
Valeur nutritive en fonction de la graisse
contenue dans la viande.

Mettre la viande, le bouillon, l'os et le bouquet garni coupé en morceaux dans la cocotte RÖMERTOPF trempée. Mettre le couvercle. Lorsque la viande est cuite, la sortir du bouillon et la couper en tranches. Puis la dresser sur les assiettes. Filtrer le bouillon, en arroser la viande et saupoudrer de persil. Sortir la moelle de l'os et la couper en dés avant de l'ajouter à la viande. Du pain de campagne accompagne à merveille ce plat.

Assiette de viande de boeuf aux légumes

Ajouter durant les 30 dernières minutes des rosettes de brocoli ou chou-fleur, des petits pois, des rondelles de carottes et/ou des pointes d'asperges.

Boeuf en daube

750 g de rôti de boeuf, 1/8 l de
vinaigre de vin, 1/2 l de babeurre, sel,
quelques grains de poivre, 1 feuille de
laurier, un peu de zeste de citron râpé,
1 oignon, 1 gousse d'ail, 1 cuill. à
soupe de lardons gras, 1 bouquet
garni, 2 cuill. à soupe de chapelure,
2 cornichons.
Temps de cuisson : env. 2 heures 30 à 3
heures.
Mariner la viande pendant 3 jours
Contient env. 500 Kcal. = 2.092 Kjoules.

Laver la viande et la tamponner à sec avec du papier absorbant, puis la déposer dans la cocotte RÖMERTOPF trempée. Préparer une marinade relevée avec le vinaigre et le babeurre, bien mélanger et en arroser la viande. Ajouter l'oignon coupé en dés et l'ail. Mettre le couvercle et laisser mariner pendant env. 3 jours tout en retournant 2 à 3 fois la viande. Larder la viande et ajouter le bouquet coupé en petits morceaux. Arroser avec 2 tasses de marinade et fermer la terrine. Recommencer cette opération toutes les heures jusqu'à ce qu'il n'y ait plus de marinade. Retirer le couvercle durant les 15 dernières minutes (la viande doit être bien cuite), régler la température du four à 220° C pour la formation d'une belle croûte croustillante. Passer la sauce à travers le chinois en pressant les légumes et récupérer le jus dans une casserole. Lier avec la chapelure, incorporer les cornichons coupés en rondelles, puis porter à ébullition. Rectifier l'assaisonnement.

CONSEIL : vous pouvez lier la sauce avec un peu de farine délayée.

PORC
BOEUF
VEAU
AGNEAU
GIBIER
VOLAILLE
VARIATIONS
POISSON
LEGUMES
GARNITURES
SOUPES
GRATINS

Accompagner le boeuf en daube de knödels aux pommes de terre, de pommes vapeur, de riz ou de pâtes.

Boeuf en daube express

Porter de l'eau vinaigrée à ébullition et en
arroser la viande. Puis la cuire suivant recette de base, mais sans l'avoir marinée.

Boeuf en daube, sauce au lard

Ne pas piquer la viande avant cuisson
avec le lard, mais couper ce dernier en lardons et les faire revenir dans la poêle.
Ajouter ces lardons à la sauce.

Boeuf en daube dominical

Contient env. 600 Kcal. = 2.511 Kjoules

Remplacer la moitié du babeurre par du
vin rouge. Affiner la sauce terminée avec
125 g de crème fraîche. Lier avec 1 cuill. à
soupe d'amandes moulues.

Paupiettes

4 grandes et fines tranches de viande pour
paupiettes, sel, poivre du moulin, 1 cuill.
à soupe d'huile, 2 cuill. à soupe de
moutarde forte, 1 cuill. à soupe de câpres,
2 oignons, 40 g de lard gras, 2 cuill. à
soupe de persil haché, 1/8 l de vin rouge,
1/8 l de bouillon instantané, 150 g de
crème acidulée.
Temps de cuisson : env. 1 heure 30 à 2 heures.
Contient env. 500 Kcal. = 2.092 Kjoules.

Aplatir légèrement les tranches de viande
avec la paume de la main, puis les frotter
avec sel et poivre avant de les badigeonner d'un côté avec l'huile, puis la moutarde. Répartir sur la viande 2 cuill. à café
de câpres et env. 1/3 des oignons pelés et
coupés en dés, ainsi que le lard coupé en
dés. Enrouler la viande et fixer avec des
cure-dents ou coudre avec du fil blanc en
coton. Faire revenir rapidement les paupiettes de tous les côtés dans l'huile, puis
les déposer côtes à côtes dans la cocotte

 RÖMERTOPF trempée. Saupoudrer avec
les dés d'oignons restants et arroser le tout
avec le vin. Mettre le couvercle. Durant la
cuisson, arroser avec du bouillon, éventuellement retourner délicatement les paupiettes. Rectifier en dernier l'assaisonnement de la sauce et l'affiner avec la crème
acidulée et le reste de câpres, ainsi que le
persil.

En accompagnement servir des pommes
vapeur ou du riz.

Paupiettes "Poule Bertha"

Incorporer dans chaque tranche de viande
épicée 1 petit oeuf dur. Renoncer aux
lardons.

Rôti au poivre
à la scandinave

Lier la sauce avec de la chapelure à base
de pain noir. Presser 1 cuill. à café de
grains de poivre en saumure et mélanger
avec un peu de vinaigre de vin. Epicer la
sauce avec ces ingrédients.
En accompagnement servir des pommes
de terre.

Rôti à la moutarde, Pologne

Avant cuisson, entailler 2 à 3 fois la
viande. Badigeonner les entailles avec de
la moutarde forte.

Fixer avec un fil en coton blanc. Epicer la sauce avec des dés de cornichon.

Rôti viennois

(Autriche)

1 tomate, 1 bouquet garni, 3 gros oignons,
4 tranches de roast-beef (en tout env.
750 g), sel, poivre du moulin, 1 cuill. à
soupe d'huile, 1/2 citron, 1/8 l de crème
acidulée, 1 cuill. à soupe de beurre, du
bouillon instantané, du paprika doux en
poudre.
Temps de cuisson : 1 bonne heure.
Contient env. 520 Kcal. = 2.176 Kjoules.

Préparer la tomate, le bouquet garni et 1 oignon, couper le tout en morceaux et déposer dans la cocotte RÖMERTOPF trempée. Laver la viande et la tamponner à sec avant d'en inciser plusieurs fois les bords. Saler et poivrer et faire revenir la viande de tous les côtés dans l'huile. Puis la déposer sur les légumes et l'arroser de jus de citron. Mouiller avec la crème acidulée. Mettre le couvercle. Lorsque la viande est cuite, la sortir du four et la réserver au chaud dans la cocotte. Pendant ce temps, couper les oignons en rondelles, puis les faire revenir dans le beurre. Déglacer la sauce avec du bouillon ou de l'eau et la porter à ébullition à petit feu en remuant constamment. Epicer avec sel et paprika en poudre. Servir le rôti avec la sauce et les rondelles d'oignons.

Accompagner de pommes vapeur ou du riz et de la salade verte.

Rôti viennois pour gourmets, Suisse

Disposer entre les tranches de viande des câpres, des morceaux de filets d'anchois et des rondelles d'olives farcies. Avant de cuire la viande, ficeler pour faire une pièce compacte.

Rôti Esterhazy, Hongrie

Utiliser de l'aloyau. Couper en lardons 60 g de lard fumé maigre et les faire revenir dans la poêle avec la viande. Ajouter 1/2 feuille de laurier. Rectifier l'assaisonnement avec de l'ail pressé et beaucoup de jus de citron.

Rôti Stéphanie

(Autriche)

1 grande tranche de viande pour
paupiettes d'env. 800 g, sel, poivre du
moulin, 1 oeuf dur, 1 oignon, 50 g de
lard fumé gras, 1 citron non traité,
200 g de crème acidulée, 1 cuill. à
soupe de fécule, 1 cuill. à soupe de
concentré de tomates, 3 cuill. à soupe
de câpres.
Temps de cuisson : env. 2 heures.
Contient env. 750 Kcal. = 3.138 Kjoules.

Laver la viande, la tamponner à sec avec du papier absorbant. L'aplatir autant que possible avec la paume de la main, saler et poivrer. Ecaler l'oeuf et peler l'oignon, puis hacher le tout et répartir sur la viande avec les lardons. Enrouler la viande et ficeler avec du fil en coton blanc. Déposer la viande dans la cocotte RÖMERTOPF trempée, parsemer d'un peu de zeste de citron râpé et mouiller avec 1 tasse d'eau. Ajouter 2 rondelles de citron et mettre le couvercle. Durant la cuisson, arroser la viande à deux reprises avec de l'eau chaude ou du bouillon chaud. Passer la sauce à travers un chinois et assaisonner avec le jus de citron, la crème acidulée, la fécule diluée dans un peu d'eau, le concentré de tomates, le sel et le poivre.

Les knödels aux petits pains à l'eau ou au lait sont un accompagnement idéal.

Culotte de boeuf à la viennoise

(Autriche)

Afin de préserver totalement l'arôme et la saveur de la viande, il est conseillé de la plonger brièvement dans de l'eau bouillante avant sa cuisson dans la cocotte RÖMERTOPF.

800 g de culotte de boeuf ou viande
de boeuf maigre, 1/2 l de bouillon instan-
tané, 1/2 feuille de laurier, quelques
grains de poivre, 1 bouquet garni.
Temps de cuisson : env. 3 heures.
Contient env. 400 Kcal. = 1.674 Kjoules.

Porter à ébullition le bouillon avec les épices et le bouquet garni préparé. Ajouter la viande. Après env. 4 minutes les pores sont fermés et l'on peut déposer la viande dans la cocotte RÖMERTOPF trempée. Arroser de 2 tasses de bouillon chaud et mettre le couvercle. Après 1 heure de cuisson ajouter du bouillon chaud avec les légumes.
Accompagner de pommes vapeur, de sauce au raifort et des petits légumes cuits dans la terrine. Vous pouvez également servir la viande dans le bouillon et la saupoudrer de persil haché. Accompagnez de pain de campagne.

Dans son pays d'origine - en l'occurrence la Hongrie - le goulasch est nommé "pörkölt". Vous pouvez également utiliser la viande de porc. Il faudra simplement réduire le temps de cuisson ou alors mélanger porc et boeuf.

Pörkölt

(Hongrie)

600 g de viande de boeuf pour goulasch,
1 cuill. à soupe de lardons fumés, 1 cuill.
à soupe de saindoux ou beurre clarifié,
1 gousse d'ail, 400 g d'oignons, 400 g de
pommes de terre farineuses, 3 tasses de
bouillon instantané, beaucoup de paprika
doux en poudre et un peu de paprika fort
en poudre, à souhait du cumin, sel, 1 cuill.
à soupe de concentré de tomates.

Temps de cuisson : env. 2 heures.
Contient env. 550 Kcal. = 2.030 Kjoules.

Laver la viande et la tamponner à sec avec du papier absorbant. Faire revenir les lardons dans la poêle avec le saindoux, puis y rôtir la viande de tous les côtés. Ajouter l'ail et le concentré de tomates et verser le tout dans la cocotte RÖMERTOPF trempée comme indiqué dans la préface. Peler les oignons et éplucher les pommes de terre, les couper en quatre et les ajouter à la terrine. Mouiller avec le bouillon, épicer et mettre le couvercle.

Accompagner de pommes de terre ou de pâtes.

Pörkölt des bergers, Hongrie

Ajouter à la cuisson beaucoup de poivrons préparés et coupés en petits morceaux. En accompagnement, servir des pâtes.

Goulasch des steppes, Hongrie

Ajouter 250 g de choucroute.

Goulasch viennois exquis

Epicer avec de la marjolaine et un peu de vinaigre. Affiner la sauce avec de la crème fraîche.

La recette de base pour le boeuf en daube se trouve page 37. Voici deux variantes intéressantes que nous vous proposons :

Boeuf en daube aux fruits, Scandinavie

Ajouter à la cuisson 100 g de fruits secs préalablement trempés dans l'eau. Ajouter 1 cuill. à soupe d'amandes effilées à la sauce terminée.

Boeuf en daube rhénan

Ajouter à la cuisson 2 cuill. à soupe de raisins secs et durant les 15 dernières minutes incorporer 2 pommes coupées en quartiers.

Paupiettes à la hollandaise

Préparer les paupiettes suivant la recette de base page 38, mais farcir avec des dés de fromage en tranches (utiliser des restes).

Paupiettes épicées, Hongrie

Badigeonner les paupiettes avec du ketchup et épicer généreusement avec du paprika en poudre. Mélanger à la sauce des lamelles de poivrons en saumure et épicer avec du paprika en poudre.

Dans les régions méditerranéennes, la viande de boeuf est légèrement saisie ou grillée. Lorsqu'elle est mijotée, elle l'est longtemps et à feu doux - pour cela, la cocotte RÖMERTOPF est idéale.

Rôti de boeuf à la française

Les connaisseurs savent estimer le boeuf à la mode, le savoureux rôti de boeuf cuit dans le vin. La cocotte RÖMERTOPF est idéale pour sa durée de cuisson très longue.

800 g de rôti de boeuf, 1 cuill. à soupe
d'huile d'olive, 1/8 l de vin rouge,
1/8 l de bouillon instantané corsé, 50 g
de lard fumé gras, 1 petit pied de veau,
1 carotte, 1 oignon, 1 cuill. à café d'herbes
de Provence, sel, poivre du moulin.

Temps de cuisson : env. 5 heures.
Contient env. 600 Kcal. = 2.511 Kjoules.

Laver la viande et la tamponner à sec avec du papier absorbant. Faire revenir de tous les côtés dans l'huile, puis la déposer dans la cocotte RÖMER-TOPF trempée. Ajouter le vin et le bouillon. Incorporer également le lard coupé en tranches, le pied de veau (demandez au boucher de le couper en deux), ainsi que les légumes grossièrement coupés, les fines herbes, le sel et le poivre. Mettre le couvercle. Après 1 heure de cuisson, descendre la température à 160° C.

Rôti de boeuf au chianti

(Italie)

800 g de rôti de boeuf, sel, poivre du
moulin, 4 cuill. à soupe d'huile d'olive,
1/2 l de vin rouge (chianti), 2 cuill. à
soupe de céleri en branches haché,
4 gousses d'ail, 2 cuill. à soupe de fines
herbes italiennes hachées surgelées,
1-2 cuill. à café de fécule.
Temps de cuisson : au moins 4 heures.
Contient env. 600 Kcal. = 2.511 Kjoules.

Frotter généreusement la viande avec sel et poivre et la faire revenir de tous les côtés dans 2 cuill. à soupe d'huile très chaude avant de la déposer dans la cocotte RÖMERTOPF trempée. Arroser avec le vin et le reste d'huile. Mélanger le céleri, l'ail et les herbes et ajouter à la viande. Saler légèrement le liquide et bien poivrer, puis mettre le couvercle. Après 1 heure de cuisson, descendre la température à 160° C car la viande doit seulement mijoter. A la fin de la cuisson, passer la sauce à travers un chinois, bien laisser réduire et lier légèrement avec la fécule diluée dans un peu d'eau. Servir avec la viande coupée en fines tranches.

Accompagner de pain blanc et de légumes étuvés.

PORC

BOEUF

VEAU

AGNEAU

GIBIER

VOLAILLE

VARIATIONS

POISSON

LEGUMES

GARNITURES

SOUPES

GRATINS

Rôti de boeuf au vin blanc

(Sardaigne)

Vous allez mijoter votre viande dans un bouillon composé pour moitié de vin blanc et de bouillon et l'épicer avec une feuille de laurier, du piment, de la râpure de muscade, ainsi que des filets d'anchois.

Rôti de boeuf au chocolat

(Espagne)

800 g de rôti de boeuf, 30 g de lard fumé gras, sel, poivre, 4 cuill. à soupe d'huile, 2 oignons, 2 gousses d'ail, 2 tomates, 2 clous de girofle, un peu de thym, 1/8 l de bouillon instantané, 1/8 l de vin blanc, 25 g de chocolat amer, 1 cuill. à soupe de vinaigre de vin, 2 cuill. à soupe d'amandes moulues.
Temps de cuisson : env. 5 heures.
Contient env. 650 Kcal. = 2.720 Kjoules.

Larder la viande et la cuire avec tous les ingrédients, sauf le chocolat et les amandes dans la cocotte RÖMERTOPF selon la recette du rôti de boeuf à la française (page 41). En dernier, émietter le chocolat et le faire fondre dans le jus de cuisson. Lier la sauce avec les amandes.
Accompagner de riz ou de pain blanc bien croustillant et d'une salade verte.

Pot-au-feu

(France)

Comme ce plat typiquement français, se traduit dans toutes les langues par son nom original, c'est-à-dire pot-au-feu.

800 g de viande de boeuf maigre comme la culotte, 1-2 os de veau, 2 carottes, 2 fûts de poireaux, 2 oignons, 1 navet blanc, 2 branches de céleri, quelques grains de poivre, 3 cornichons, 1 cuill. à café d'herbes de Provence déshydratées en mélange, sel, 1 tasse de vin blanc.
Temps de cuisson : au moins 3 heures.
Contient env. 500 Kcal. = 2.092 Kjoules.

Laver la viande et les os, les tamponner à sec avec du papier absorbant et déposer le tout dans la cocotte RÖMERTOPF trempée. Mouiller avec 1/2 l d'eau et mettre le couvercle. Après une heure de cuisson, écumer le bouillon. Préparer tous les légumes et les couper grossièrement, puis les ajouter à la viande. Mélanger également les légumes, saler le bouillon, compléter avec le vin chauffé et poursuivre la cuisson. Disposer les légumes autour de la viande et servir avec du pain. Eventuellement servir le bouillon en guise de soupe.

Viande de boeuf froide, Pays Basque

Préparer le rôti de boeuf suivant les indications de la page 36 avec néanmoins 1/8 l de vin blanc et 1/4 l de bouillon instantané. Ajouter 4 oignons hachés, 4 tomates coupées en dés et 4 gousses d'ail hachées. Laisser refroidir la viande dans le bouillon. Passer le fond aux légumes à travers un chinois. En faire une sauce épaisse en ajoutant du persil haché, 1 oeuf dur haché, du vinaigre, de l'huile et éventuellement encore un peu de bouillon ou de vin. Servir avec la viande.

Paupiettes farcies au salami

(Italie)

4 très fines tranches de viande pour
paupiettes, 2 jaunes d'oeufs, 1 tranche de
pain blanc, 50 g de hachis de veau, 75 g de
salami, 1 cuill. à soupe de parmesan râpé,
2 cuill. à soupe de céleri en branches
haché, 1 gousse d'ail, sel, poivre du
moulin, 2 cuill. à soupe d'huile d'olive,
1 feuille de laurier, un peu de sauge,
1 petite boîte de tomates pelées, 1/8 l
de vin rouge.
Temps de cuisson : env. 2 heures.
Contient env. 550 Kcal. = 2.300 Kjoules.

Pétrir les jaunes d'oeufs avec le hachis et
le pain trempé, puis pressé. Oter la peau
du salami et le couper en lamelles d'env. 1
cm de long. Les ajouter au hachis avec le
parmesan, la moitié du céleri en branches,
ainsi que l'ail pressé, puis saler et poivrer.
En badigeonner les tranches de viande et
enrouler. Ficeler les paupiettes avec du fil
en coton blanc ou les fixer avec des cure-
dents. Saisir de tous les côtés dans l'huile,
puis les déposer côte à côte dans la cocotte
RÖMERTOPF trempée. Ajouter la feuille
de laurier, le céleri en branches restant, la
sauge, ainsi que les tomates pelées et mettre le couvercle. Pour finir, dresser les paupiettes sur un plat de service préchauffé.
Passer le fond aux tomates à travers un
chinois et le réduire en purée avec le
mixer. Ajouter le vin, porter brièvement à
ébullition et lisser.

Accompagner de pain blanc et de salade.

Emincé de boeuf aux oignons

(Italie)

500 g de rôti de boeuf tendre, 5 gousses
d'ail, 50 g de lard fumé maigre, 1 carotte,
1 branche de céleri, 500 g d'oignons
grelots, 4 cuill. à soupe d'huile d'olive,
1 cuill. à soupe de persil haché, 1 petite
boîte de concentré de tomates, du bouillon
instantané, 1 tasse de vin rouge du pays
bien corsé, sel, poivre, 2 cuill. à café de
sucre.

Temps de cuisson : env. 2 heures 30.
Contient env. 550 Kcal. = 2.300 Kjoules.

Laver la viande et la tamponner à sec
avec du papier absorbant, puis la couper en tranches ou en dés. Peler les
gousses d'ail, les couper en rondelles
et en piquer la viande. Préparer la carotte et le céleri en branche, peler uniquement les oignons. Chauffer l'huile
dans la poêle, puis y saisir en premier
la viande, puis les légumes. Puis déposer le tout dans la cocotte RÖMER-
TOPF trempée, saupoudrer de persil.
Mélanger le vin avec un peu de bouillon instantané et le concentré de tomates, saler et poivrer, puis ajouter le
tout à la viande et mettre le couvercle.
Durant la cuisson ajouter si nécessaire
du liquide chauffé. Saupoudrer en fin
de cuisson la viande avec du sucre et
laisser mijoter dans le four sans couvercle pendant 10 minutes.

L'accompagnement parfait est du pain
blanc bien croustillant.

Emincé de boeuf, Corse

Remplacer les oignons par 400 g de tomates pelées et 400 g de poivrons coupés en petits morceaux. Epicer la
viande avec du thym, du basilic et des
baies de genièvre concassées.

Ragoût de boeuf au yaourt

(Turquie)

500 g de goulasch au boeuf, 1/4 l de
bouillon instantané, 2 cuill. à soupe
d'huile, 3 oignons, 4 gousses d'ail,
1 pincée de cannelle en poudre,
4 oeufs, 1/2 l de yaourt, poivre
du moulin, sel.

Temps de cuisson : env. 2 heures et 30.
Contient env. 500 Kcal = 2.092 Kjoules.

PORC
BOEUF
VEAU
AGNEAU
GIBIER
VOLAILLE
VARIATIONS
POISSON
LEGUMES
GARNITURES
SOUPES
GRATINS

Laver la viande et la tamponner à sec avec du papier absorbant, puis la déposer dans la cocotte RÖMERTOPF trempée. Mouiller avec le bouillon et mettre le couvercle. Peler les oignons et les couper en rondelles épaisses. Après env. 2 heures de cuisson, égoutter la viande et bien la rôtir dans l'huile avec les oignons et les gousses d'ail en remuant constamment. Mouiller avec le bouillon et remettre la viande dans la cocotte RÖMERTOPF. Saupoudrer la viande de cannelle. Brouiller les oeufs avec le yaourt, assaisonner de beaucoup de poivre et peu de sel, en arroser la viande et laisser mijoter sans couvercle pendant 30 minutes.
En Turquie, ce plat s'accompagne de galette de pain et de salade verte.

Potée au boeuf et aux tomates

(Afrique du Nord)

4 oignons, 8 gousses d'ail, 2 cuill. à soupe d'huile, 800 g de goulasch au boeuf coupé en gros cubes, 1/2 cuill. à café de curcuma, autant de piment, de la cardamome et de cannelle, 1 pincée de clous de girofle moulus, sel, 1 boîte de tomates pelées.
Temps de cuisson : env. 2 heures 30.
Contient env. 500 Kcal. = 2.092 Kjoules.

Peler les oignons, les couper en quatre. Peler les gousses d'ail et les couper en deux. Faire suer le tout dans l'huile. Ajouter la viande lavée et tamponnée à sec avec du papier absorbant et la saisir de tous les côtés en la retournant constamment. Déposer dans la cocotte RÖMERTOPF trempée les tomates pelées et toutes les épices, puis ajouter la viande et mélanger et mettre le couvercle.

Accompagner de riz.

Potée au boeuf et aux tomates, Grèce

Le célèbre "Stifado" est préparé de la même manière que la potée au boeuf et aux tomates nord-africaine. On se passe tout simplement de curcuma, de piment et de cardamome. On ajoute seulement 1 feuille de laurier et beaucoup d'oignons. Affiner le plat terminé avec du persil haché.

Ragoût aux queues de boeufs

(France)

1200 g de queues de boeufs plusieurs fois coupées, 4 cuill. à soupe de vinaigre de vin, 1/4 l de vin rouge, sel, poivre du moulin, 1 feuille de laurier, 1/2 cuill. à café de thym, 2 clous de girofle, 1 pincée de sucre, 1 oignon, 1 gousse d'ail, 1/2 citron non traité, 50 g de lard gras, 1 cuill. à soupe de farine, 1 bouquet garni, 1/4 l de bouillon instantané.
Temps de cuisson : env. 3 heures 30.
Contient env. 450 Kcal. = 1.883 Kjoules.

Laver la viande et la mariner durant la nuit dans une marinade composée de vinaigre de vin, de vin et des épices, ainsi que de l'oignon et de l'ail pelés et hachés. En remplir le jour suivant la cocotte RÖMERTOPF trempée. Laver le citron à l'eau chaude, puis le couper en rondelles et les ajouter à la viande. Couper le lard en dés et le faire revenir dans la poêle, puis y faire roussir la farine et ajouter le tout à la marinade. Ajouter le bouquet garni préparé et coupé en morceaux. Mouiller avec le bouillon. Pour finir, retirer les rondelles de citron, bien mélanger la sauce et l'assaisonner.
Cela est excellent avec des pâtes au beurre.

Queues de boeufs, Italie

Ajouter à la cuisson en remplacement du poivre et des clous de girofle des aiguilles de romarin. Affiner avec du concentré de tomates et des câpres.

Langue de boeuf braisée

(France)

1 petite langue de boeuf, 1 cuill. à café
d'herbes de Provence déshydratées, sel,
250 g de carottes, 250 g d'oignons grelots,
1 cuill. à soupe de lardons bien gras,
1/4 l de vin blanc sec, 1 cuill. à soupe de
farine, poivre du moulin, 2 cuill. à soupe
de persil haché, 1 cuill. à soupe de cognac,
1 cuill. à soupe de beurre.
Temps de cuisson : env. 3 heures.
Contient env. 400 Kcal. = 1.674 Kjoules.

Bien laver la langue, puis la déposer dans la cocotte RÖMERTOPF trempée. Recouvrir avec les herbes de Provence, et 1/2 l d'eau légèrement salée et mettre le couvercle. Après 1 heure et demi de cuisson, retirer la langue du jus, la rincer sous l'eau froide et la peler. Couper la viande en tranches. Passer le jus à travers un chinois et n'en remettre qu'1/4 l dans la cocotte. Racler les carottes, les couper en deux dans le sens de la longueur puis en tronçons de 2 cm et les ajouter au bouillon. Peler les oignons et les ajouter au bouillon avec les lardons. Diluer la farine dans un peu de vin et poivrer. Terminer la cuisson de la langue. Affiner la sauce avec le persil, le cognac et des flocons de beurre. Rectifier l'assaisonnement.

Accompagner de riz.

Viande de boeuf au sésame

(Corée)

400 g d'échine de boeuf, 50 g de sésame,
2 cuill. à soupe d'huile, 2 oignons,
2 gousses d'ail, sel, 2 cuill. à soupe de
persil haché, 3 cuill. à soupe de sauce
soja, 2 oeufs, poivre du moulin.
Temps de cuisson : env. 45 minutes.
Contient env. 400 Kcal. = 1.674 Kjoules.

Couper la viande en lamelles et la saisir brièvement dans l'huile avec le sésame, puis déposer le tout dans la cocotte RÖMERTOPF trempée. Peler les oignons et les gousses d'ail, hacher le tout grossièrement, puis en saupoudrer la viande, ainsi que de persil et de sel. Arroser avec la sauce soja et 1/4 l de d'eau, puis mettre le couvercle. Après 30 minutes, brouiller les oeufs avec le sel, le poivre et le persil. Ajouter ce mélange délicatement à la viande. Le riz est l'accompagnement classique de ce plat.

Potée épicée

(Caraïbes)

250 g de rôti de boeuf, 1/4 l de
bouillon instantané, un peu de râpure
de muscade, sel, poivre du moulin,
1 piment fort, 1 gros oignon, 1 gousse
d'ail, 300 g d'épinards en branches,
300 g de pommes de terre, 1 poivron,
beaucoup de tabasco, 100 g de noix de
coco râpée, 100 g de crème fraîche,
100 g de crevettes décortiquées, 1 cuill.
à soupe de rhum.
Temps de cuisson : env. 2 heures.
Contient env. 550 Kcal. = 2.300 Kjoules.

Couper la viande en dés et les déposer avec le bouillon dans la cocotte RÖMERTOPF trempée. Epicer avec muscade, sel et poivre. Ajouter le piment et mettre le couvercle. Entre-temps, faire mijoter dans une poêle l'oignon et la gousse d'ail pelés et coupés en dés, ainsi que les épinards préparés. Saler légèrement. Puis réduire le tout en purée. Eplucher les pommes de terre, ôter le trognon du poivron et enlever les parties blanches ainsi que les pépins. Couper le tout en petits morceaux. Après 1 heure de cuisson, ajouter le tout à la viande et laisser mijoter pendant 30 minutes.

PORC
BOEUF
VEAU
AGNEAU
GIBIER
VOLAILLE
VARIATIONS
POISSON
LEGUMES
GARNITURES
SOUPES
GRATINS

Puis retourner le tout délicatement. Rectifier l'assaisonnement avec le tabasco et le sel. Incorporer la noix de coco râpée, la crème fraîche et les crevettes. Donner encore un goût meilleur avec le rhum.

Potée au boeuf et au maïs

(Mexique), illustration page 35

500 g de hachis de boeuf, 2 cuill. à soupe de raisins secs, 2 cuill. à soupe d'olives noires sans noyau, 2 oignons, 4 gousses d'ail, sel, un peu de cumin, du paprika fort en poudre, 2 cuill. à soupe d'huile, 1 piment séché, 250 g d'épis de maïs en conserve, 1 poivron, 1 tasse de bouillon

instantané.

Temps de cuisson : env. 1 heure.

Contient env. 400 Kcal. = 1.674 Kjoules.

Pétrir le hachis avec les raisins secs, les olives coupées en quarts, les dés d'oignons et l'ail pressé. Saler et épicer avec le cumin et le paprika fort en poudre. Mettre le tout dans la cocotte RÖMERTOPF trempée. Arroser d'huile et répartir sur la viande le piment coupé en petits morceaux et les épis de maïs. Préparer le poivron, le couper en petits morceaux et l'ajouter également dans la cocotte RÖMERTOPF. Mouiller avec le bouillon et mettre le couvercle.
Accompagner de galettes de pain pour donner un air mexicain.

MES RECETTES PERSONNELLES
POUR LA COCOTTE RÖMERTOPF :

PREPARATION :

INGREDIENTS :

PREPARATION :

INGREDIENTS :

DELICIEUSE VIANDE
DE VEAU

PORC

BOEUF

VEAU

AGNEAU

GIBIER

VOLAILLE

VARIATIONS

POISSON

LEGUMES

GARNITURES

SOUPES

GRATINS

Vous devriez toujours ajouter une tasse de liquide lors de la cuisson du veau qui n'a pratiquement pas de graisse. Pour savoir comment le préparer et suivre les règles de base, référez-vous à la page 6.

Si le veau est trop cher pour votre budget : les rôtis peuvent également se faire avec de la viande de génisse et les émincés avec de la viande de dinde.

Parmi les spécialités des régions méditerranéennes vous trouverez une multitude de recettes exceptionnelles à base de viande de veau. Cette singularité est due au fait que les Français et les Italiens adorent cette viande particulièrement tendre.

Rôti de veau

750 g de viande de veau désossée
(cuisseau), sel, poivre, 1 cuill. à soupe
de beurre clarifié, 1/4 l de bouillon
instantané, 1 oignon, 1 carotte, 2 cuill. à
soupe de champignons déshydratés ou
100 g de champignons frais, 1/4 l de
crème aigre, 1 cuill. à soupe de persil
finement haché.
Temps de cuisson env. 2 heures et demies
Valeur nutritive env. 500 Kcal = 2.093 Kjoules.

Laver la viande, la tamponner à sec, la frotter de sel et de poivre. Mettre le beurre clarifié coupé en flocons dans la RÖMERTOPF préalablement rincée à l'eau froide. Poser la viande dans la cocotte. Ajouter le bouillon. Emincer l'oignon, la carotte et les champignons et les ajouter au bouillon. Fermer la RÖMERTOPF. Durant la cuisson, arroser constamment la viande avec son jus et rajouter éventuellement du liquide. Si vous le souhaitez, enlever le couvercle durant les 10 dernières minutes de cuisson et faire dorer la viande. Transvaser le jus de cuisson dans une petite casserole, ajouter la crème acidulée et faire bouillir tout en rectifiant l'assaisonnement. Saupoudrer de persil haché.

Le riz, les pommes vapeur ainsi que les légumes accompagnent parfaitement le rôti de veau.

Rôti de veau avec croûte

Compter par portion env. 80 Kcal = 334
Kjoules supplémentaires.

Mélanger un oeuf et 50 g de chapelure. Lisser avec de la crème fraîche jusqu'à ce que le mélange se laisse tartiner. Poivrer et recouvrir la viande avec cette préparation avant de la faire dorer.

Rôti de veau sauce surprise

Cette recette est idéale si vous avez subitement un invité supplémentaire. La valeur nutritive varie selon la quantité de saucisse utilisée.
Ajouter à la cuisson quelques rondelles d'un citron non traité soigneusement lavé au préalable et 1 feuille de laurier. Mélanger à la sauce des rondelles de cornichons et des rondelles de saucisse.

Rognonnade de veau

Illustration voir page 47
Comme le rôti de veau

Poitrine de veau farcie

500 g de poitrine de veau, 125 g de chair
à saucisse, 125 g de hachis de boeuf,
1 petit pain, 1 oignon, 1 fagotin de
ciboulette, 1 oeuf, du sel, du poivre du
moulin, 1 cuill. à soupe de beurre, 1/8 l
de bouillon instantané très fort,
1 tomate, 2 cuill. à soupe de jus de
citron, 1/8 l de crème aigre.
Temps de cuisson env. 2 heures.
Valeur nutritive env. 450 Kcal = 1.883 Kjoules.

Laver la viande, la tamponner à sec. Couper une poche dans la viande ou la faire inciser par votre boucher. Peler l'oignon et le hacher finement. Rincer la ciboulette sous l'eau froide, l'égoutter et la ciseler. Tremper le petit pain, l'essorer et le mélanger énergiquement avec le hachis, les dés d'oignon, l'oeuf, la ciboulette, le sel et le poivre afin d'obtenir une farce bien relevée.

Remplir la poche avec la farce. Fermer l'entaille avec un fil en coton blanc ou avec des cure-dents.
Poser la viande dans la RÖMERTOPF préalablement rincée à l'eau froide, la saupoudrer de flocons de beurre et l'arroser avec le bouillon. Enlever le pédoncule et la partie cernée de la tomate puis la couper en quarts et l'ajouter à la viande. Poser le couvercle sur la RÖMERTOPF.
Ajouter au jus de la viande du jus de citron, de la crème aigre, du sel, du poivre et du persil.

En accompagnement : des pâtes et de la salade ou des légumes.

Paupiettes de veau

4 grandes escalopes de veau, 4 filets
d'anchois, 1 cuill. à soupe de câpres,
2 cuill. à soupe de persil haché, 2 oignons,
50 g de lard fumé, 1/8 l de bouillon de
veau instantané, 1 cuill. à soupe de purée
de tomates, 1 cuill. à soupe de beurre, sel,
jus de citron, éventuellement un peu de
fécule, 1/2 tasse de vin blanc sec, un peu
de noix de muscade râpée, 1 cuill. à soupe
de ciboulette ciselée ou de cresson.
Temps de cuisson env. 1 heure et demie.
Valeur nutritive env. 350 Kcal = 1.465 Kjoules

Aplatir les escalopes avec la paume de la main, les saler et les poivrer des deux côtés. Garnir un côté avec les filets d'anchois hachés, les câpres, le persil et les dés d'oignons et de lard. Former délicatement des paupiettes et les nouer avec du fil en coton blanc ou les maintenir à l'aide de cure-dents. Poser les paupiettes côte à côte dans la RÖMERTOPF rincée. Mélanger le bouillon et la purée de tomates et l'ajouter. Poser quelques flocons de beurre sur la viande et fermer la cocotte.
Rectifier la sauce avec le sel et le jus de citron et la lier avec de la fécule diluée avec du vin. Rectifier avec la noix de muscade et les fines herbes.

Rôti de veau bardé ou piqué à la hongroise

Pour que le rôti de veau soit particulièrement juteux, vous pouvez soit le barder de grandes et fines tranches de lard que vous servirez éventuellement en accompagnement, soit le piquer avec de fines lanières de lard. Assaisonner avec beaucoup de paprika. Pour 50 g de lard il faut compter env. 400 Kcal. = 1.674 Kjoules supplémentaires.

Jarret de veau

(Sud de l'Allemagne, Autriche)

1 jarret de veau, sel, poivre du moulin,
1 cuill. à soupe de beurre, 1 tasse de vin
blanc, 1/8 l de crème aigre, du paprika
doux en poudre, un peu de noix de
muscade râpée, un peu de liaison pour
sauce à la crème, 1 cuill. à soupe de fines
herbes hachées
Temps de cuisson env. 2 heures et demies
Valeur nutritive env. 300 Kcal. = 1.255
Kjoules

Laver la viande et la tamponner à sec. Puis frotter avec du sel, du poivre et du beurre. Poser la viande dans la RÖMERTOPF préalablement rincée.

PORC

BOEUF

VEAU

AGNEAU

GIBIER

VOLAILLE

VARIATIONS

POISSON

LEGUMES

GARNITURES

SOUPES

GRATINS

Ajouter le vin et mettre le couvercle.

Toute les demi-heures, arroser la viande avec le jus de cuisson. Si nécessaire, ajouter encore de l'eau chaude. Dresser le jarret sur un plat réfractaire et le laisser dorer pendant encore 10 minutes à 250°C. Entretemps, déglacer la sauce avec la crème acidulée, poivre, paprika, muscade et poudre pour sauce instantanée, porter à ébullition et en dernier ajouter les fines herbes.
Les pommes de terre ou les knödels à la chapelure sont le bon accompagnement.

Jarret de veau bardé aux girolles, Bohême

Contient par 50 g de lard

env. 400 Kcal. = 1.674 Kjoules.

Barder le jarret après 2 heures de cuisson, puis laisser dorer pendant 20 minutes en retournant la viande. A 15 minutes de la fin de la cuisson incorporer à la sauce 250 g de girolles préparées. Sortir ensuite le jarret de la cocotte RÖMERTOPF, détacher la viande de l'os et la couper en tranches, puis servir.
Accompagner de knödels aux petits pains à l'eau ou au lait et de salade verte.

Jarret de veau pané, Belgique

Avant de le faire dorer, retourner tout d'abord le jarret dans de l'oeuf brouillé, puis dans la chapelure. Faire dorer env. 15 minutes jusqu'à la formation d'une belle croûte dorée.

Jarret de veau, Suisse

Ajouter à la viande 200 g d'oignons grelots, ainsi que 100 g de quetsches (éventuellement étuvées) et 100 g de dés de tomates.

La poitrine de veau farcie est connue dans tous les pays européens. La recette de base - à laquelle nous ajoutons quelques variantes - se trouve page 48.

Poitrine de veau farcie à la viande et aux légumes, Suisse

Pour la farce utiliser 150 g de hachis de veau et mélanger avec 100 g de légumes comme par exemple des petits pois surgelés, des rosettes de brocoli ou des morceaux d'asperges. Assaisonner avec un mélange de fines herbes fraîches ou surgelées.

Poitrine de veau farcie aux légumes épicés, Hongrie

Remplacer le hachis par des poivrons finement coupés et des dés de tomates pelées. Vous économisez par portion env. 125 Kcal. = 523 Kjoules.

Poitrine de veau farcie, Nord de l'Allemagne

Peler une pomme acidulée, l'émincer et l'incorporer à la farce. Affiner la sauce avec des raisins secs, un peu de zeste de citron râpé non traité et 1 pincée de sucre.

Poitrine de veau à la Worcestershire, Angleterre

Ajouter durant les 30 dernières minutes de cuisson 200 g de petits champignons préparés et aromatiser la sauce avec de la sauce Worcestershire.
De petits feuilletés accompagnent à merveille ce plat un peu particulier.

Variantes des paupiettes de veau voir page 49.

Paupiettes de veau farcies aux oeufs, Suisse

Déposer sur les tranches de viande préparées des épinards en branches et à chaque fois 1 oeuf dur. Enrouler. Epicer la sauce avec de la sauge.

Paupiette de veau au fromage

Mélanger 100 g de tartare avec 100 g de gouda râpé, 1 jaune d'oeuf, sel, poivre, des fines herbes au choix et 1 cornichon coupé en petits morceaux. En farcir la viande et enrouler. Lier la sauce avec de la crème fraîche.

Côtelettes de veau à la bonne femme

(Sud de l'Allemagne, Autriche)

4 côtelettes de veau, sel, poivre du moulin, 3 cuill. à soupe de beurre, 300 g d'oignons, 300 g de carottes, 450 g de pommes de terre, 1/4 l de vin blanc, 1 cuill. à soupe de fines herbes hachées.
Temps de cuisson : env. 1 heure.
Contient env. 3450 Kcal. = 1.883 Kjoules.

Saler la viande préparée, saupoudrer de poivre et faire revenir dans une poêle avec 1 cuill. à soupe de beurre. Peler les oignons, puis les couper en rondelles. Racler les carottes et les couper en grosses rondelles. Couper les pommes de terre épluchées en quartiers. Déposer le tout par couches dans la cocotte RÖMERTOPF

trempée. Entre les couches toujours saler et poivrer. Mouiller avec le vin. Répartir le reste de beurre sur les légumes et la viande, saupoudrer de fines herbes et mettre le couvercle.

Côtelettes de veau à la crème, Suisse

La valeur nutritive est élevée d'env. 200 Kcal. = 835 Kjoules.

Déposer les côtelettes rôties avec 1/4 l de crème fraîche dans la cocotte RÖMERTOPF trempée. Laver un citron non traité à l'eau chaude, le couper en rondelles et l'ajouter à la viande. Saler, poivrer et saupoudrer avec 1 cuill. à soupe de farine. Saupoudrer de persil haché et servir les côtelettes garnies de quartiers de tomates.

Accompagner de pommes vapeur bien farineuses ou de riz.

Viande de veau à la bavaroise

(Sud de l'Allemagne, Tchécoslovaquie)

750 g de goulasch au veau, 1 oignon, 1 bouquet garni, 2 cuill. à soupe de beurre, 1 citron, sel, poivre, 1 cuill. à soupe de farine, 500 g d'asperges, 1 tasse de bouillon instantané.
Temps de cuisson : env. 2 heures.
Contient env. 350 Kcal. = 1.465 Kjoules.

Couper en dés la viande préparée. Préparer l'oignon et le bouquet garni (sans céleri et persil) et couper le tout en petits morceaux. Faire revenir le tout avec un peu de zeste de citron râpé dans le beurre chaud. Dorer la viande en la retournant constamment.

PORC

BOEUF

VEAU

AGNEAU

GIBIER

VOLAILLE

VARIATIONS

POISSON

LEGUMES

GARNITURES

SOUPES

GRATINS

Valeur nutritive env. 550 Kcal = 2.300 Kjoules

Mettre tous les ingrédients dans la cocotte RÖMERTOPF trempée, saler, poivrer et saupoudrer de farine. Fermer la cocotte RÖMERTOPF. Entre-temps, cuire les asperges, les couper en morceaux de 3 cm de long, les ajouter à la viande et les laisser mijoter un court instant. Déglacer avec le bouillon et rectifier l'assaisonnement.

Servir en accompagnement des pâtes agrémentées de chapelure.

Dans les régions ouest de la Méditerranée la viande de veau est nettement privilégiée et préparée d'après de délicieuses recettes. Ci-après vous découvrirez les meilleures recettes de cette viande au goût délicat. Certaines de ces recettes peuvent également être réalisées avec de la viande de boeuf, de poulet ou de dinde.

Rôti de veau aux morilles

(France)

800 g de viande de veau du cuisseau, 100 g de lard fumé gras en tranches, 50 g de morilles déshydratées, 1/8 l de vin blanc, sel, poivre du moulin, 1 bouquet garni, 50 g de beurre, 1 cuill. à soupe de farine, 1/8 l de crème fraîche, 1 jaune d'oeuf, 2 cuill. à soupe de persil haché, 1 cuill. à café d'estragon.
Temps de cuisson env. 3 heures.
Préparer les morilles.
Valeur nutritive env. 600 Kcal = 2.510 Kjoules

Laver les morilles et les laisser tremper quelques heures dans le vin. Frotter la viande préalablement lavée et tamponnée à sec avec le sel et le poivre. Piquer la viande avec des tranches de lard ou la barder complètement. Fixer le lard avec du fil en coton blanc.
Poser la viande dans la cocotte RÖMERTOPF trempée. Ajouter les morilles, le vin et le bouquet garni coupé en morceaux. Ajouter 1/4 l d'eau et fermer la cocotte. Arroser la viande deux fois avec la sauce ou ajouter de l'eau chaude ou du vin. Sortir le rôti de son enveloppe de lard et le garder au chaud.
Passer le jus de cuisson au tamis et le lier avec des flocons de beurre, de la farine préalablement délayée avec un peu de crème fraîche, la crème fraîche et le jaune d'oeuf. Rectifier l'assaisonnement avec le sel et le poivre. Ajouter le persil et l'estragon.
Servir en accompagnement des croquettes de pommes de terre et de la salade verte.

Rôti de veau aux olives farcies

(Espagne)

Varier la sauce en ajoutant des rondelles d'olives farcies aux poivrons et du cognac.

Viande de veau à la sauce au thon

(Italie)

800 g de roulé de veau, 1/4 l de bouillon, 1/4 l de vin blanc, 2 gousses d'ail, 2 cuill. à café de pâte d'anchois, 1 oignon, 1 branche de céleri, 1 feuille de laurier, 1 cuill. à café de grains de poivre, 1 petite boîte de conserve de thon à l'huile, 2 cuill. à soupe d'huile d'olive, 1/2 citron, 1 tasse de bouillon de veau, 1 jaune d'oeuf, 1 bouquet de persil, 2 cuill. à soupe de câpres.

Laver la viande et la poser dans la cocotte RÖMERTOPF trempée. Arroser avec le bouillon et le vin. Peler, puis presser les gousses d'ail. Ajouter l'ail et la pâte d'anchois à la viande. Préparer l'oignon et le céleri en les coupant en petits morceaux. Les ajouter au jus avec la feuille de laurier et les grains de poivre. Fermer la cocotte RÖMERTOPF. Après 30 minutes réduire la température à 180° C. Lorsque la viande est cuite, la laisser refroidir dans le jus de cuisson. Puis passer le jus de cuisson au tamis. Pour la sauce, émietter le thon, puis le passer au mixer et lisser le tout avec l'huile, le jus de citron et une tasse du bouillon de veau.
Poivrer généreusement et rectifier éventuellement avec le sel. Ajouter le jaune d'oeuf, puis le persil haché et les câpres. Servir cette sauce en accompagnement de la viande froide.

CONSEIL : Laisser macérer la viande recouverte de sa sauce pendant quelques heures au réfrigérateur.

Accompagnement : du pain blanc croustillant, des quarts de tomates, des huitièmes de citrons et des olives.

Osso buco
Jarret de veau braisé

(Italie)

4 tranches de jarret de veau d'environ
200 g pièce avec la moelle, sel, poivre du
moulin, un peu de farine, 4 cuill. à soupe
d'huile d'olive, 1 oignon, 1/2 branche de
céleri, 1 carotte, 1 feuille de laurier, 1/4 l
de vin blanc, 1 petite boîte de tomates
pelées, 1/2 citron non traité, 3 cuill. à
soupe de persil haché.
Temps de cuisson à peine 2 heures
Valeur nutritive env. 500 Kcal = 2.092 Kjoules

Laver la viande, la tamponner à sec, la frotter avec le sel et le poivre et la rouler dans la farine. Chauffer l'huile dans une poêle et faire dorer la viande des deux côtés. Puis poser la viande dans la cocotte

RÖMERTOPF trempée. Faire revenir brièvement les légumes émincés dans huile chaude, puis les ajouter à la viande. Arroser de vin. Ajouter la feuille de laurier et les tomates. Fermer la cocotte RÖMERTOPF. Pendant la cuisson ajouter obligatoirement un peu d'eau chaude. Rectifier le fond avec du zeste et du jus de citron, du persil, du sel et du poivre.

En Italie on sert en accompagnement du pain blanc croustillant ou du riz et de la salade verte.

Roulades de veau
sur lit de légumes

(Espagne)

4 escalopes de veau minces, sel, poivre
du moulin, de la noix de muscade
râpée, 4 cuill. à soupe d'huile d'olive,
250 g de carottes, 12 petits oignons,
1 cuill. à soupe de farine, 2 cuill. à café
de sucre, 2 cuill. à soupe de persil
finement haché, 1 tasse de vin blanc
sec et 1 tasse de bouillon de veau
instantané, 50 g d'olives farcies.
Temps de cuisson env. 1 heure
Valeur nutritive env. 350 Kcal = 1.465
Kjoules

Saupoudrer la viande préalablement préparée avec le sel, le poivre et la noix de muscade. Badigeonner les deux côtés avec l'huile et rouler les escalopes.
Racler les carottes, les couper en rondelles d'1 cm d'épaisseur et les mettre dans la cocotte RÖMERTOPF. Peler les oignons et les ajouter en entier. Saupoudrer le tout de farine, de sucre et de persil. Puis poser les paupiettes de veau sur ce fond. Arroser avec le vin et le bouillon instantané. Avant de servir, rectifier l'assaisonnement et ajouter les olives farcies coupées en rondelles. Servir en accompagnement du pain blanc croustillant et du vin blanc.

PORC

BOEUF

VEAU

AGNEAU

GIBIER

VOLAILLE

VARIATIONS

POISSON

LEGUMES

GARNITURES

SOUPES

GRATINS

Paupiettes de veau au sherry

(Espagne)

Couper finement un petit poivron vert et hacher un oeuf dur et du jambon cuit maigre. Farcir les escalopes de veau avec cette préparation. Cuire avec 1 tasse de sherry et de la purée de tomates préalablement délayée avec du bouillon.

Paupiettes de veau à l'italienne

Pour cette recette, tartiner sur les escalopes de veau de la pâte d'anchois et saupoudrer la viande avec un mélange de fines herbes hachées. Ajouter seulement 1 bouquet garni et un peu de céleri en branches.

Paupiettes de veau (Algérie)

Couper un poivron rouge en petits morceaux et le faire revenir dans 2 cuill. à soupe d'huile, puis le mélanger à 2 cuill. à soupe de pistaches rapées et 2 cuill. à soupe de raisins secs. Farcir les escalopes avec cette préparation et les cuire sur un lit de quarts de tomates.

Viande de veau aux champignons

(France)

600 g d'épaule de veau, du paprika doux
en poudre, 1 cuill. à soupe de farine, 300 g
d'oignons, 250 g de champignons frais à
souhait, 1 sachet de cèpes déshydratés,
1 tasse de vin blanc sec, 1 tasse de bouillon
instantané, sel, poivre du moulin,
quelques aiguilles de romarin, 2 cuill. à
soupe de beurre, 4 cuill. à soupe de crème
fraîche, 3 cuill. à soupe de persil haché.
Temps de cuisson env. 2 heures
Faire tremper les cèpes au préalable
Valeur nutritive env. 350 Kcal = 1.465 Kjoules

Couper la viande lavée en gros dés. Rouler ces dés dans un mélange de farine et de paprika et les poser dans la cocotte RÖMERTOPF trempée. Peler et hacher les oignons. Couper les champignons en quarts et les ajouter à la viande. Tremper au préalable les cèpes. Utiliser l'eau de trempage avec les cèpes et couper ces derniers avec des ciseaux en très petits morceaux. Arroser de vin et de bouillon, saler, poivrer et ajouter le romarin. Entre-temps, ajouter du bouillon si nécessaire. Affiner la sauce avec les flocons de beurre et la crème fraîche, rectifier l'assaisonnement avec le sel et le poivre et ajouter du persil.

Servir en accompagnement des pâtes au beurre ou du pain blanc croustillant.

Fricandeaux de veau

(France)

500 g de viande de veau du cuisseau, sel,
poivre du moulin, 1 cuill. à soupe de jus
de citron, 50 g de lard fumé maigre, 1 gros
oignon, 1 tasse de tomates pelées en boîte,
1 bouquet garni, 2 clous de girofle,
quelques grains de poivre, 150 g de
champignons, 1/8 l de vin blanc, 1/8 l
de crème acidulée.
Temps de cuisson env. 2 heures
Valeur nutritive env. 350 Kcal = 1.465 Kjoules

Couper la viande préalablement préparée en dés, la poivrer et l'arroser avec le jus de citron. Tapisser la cocotte RÖMERTOPF trempée avec de fines tranches de lard et y répartir la viande. Ajouter l'oignon haché, les tomates et le bouquet garni coupé en petits morceaux ainsi que les clous de girofle et les grains de poivre. Arroser avec une 1/2 tasse d'eau. Fermer la cocotte RÖMERTOPF. Après 1 heure verser la sauce délicatement dans une passoire, passer également les légumes et verser la sauce à nouveau dans la cocotte RÖMERTOPF. Terminer la cuisson avec la viande, les champignons préalablement préparés et le vin. Affiner cette recette avec un peu de crème acidulée et rectifier l'assaisonnement.

Servir en accompagnement du riz et des petits pois, des asperges ou du chou-fleur. Des marrons grillés complètent délicieusement ce mets succulent.

Poitrine de veau farcie (Italie)

Préparée cette recette comme celle indiquée à la page 48, mais pour la farce utiliser 100 g d'épinards, 100 g de petits pois, 50 g de parmesan râpé, 1 oeuf, un peu de thym, du sel et 1 gousse d'ail pressée.

Dans la cuisine méditerranéenne on utilise souvent les tripes de veau. Nettoyées et cuites on les sert de plus en plus fréquemment en Europe centrale.

Tripes à la bonne femme

(France)

800 g de tripes précuites coupées en
lanières ou en dés, 1 cuill. à soupe de
beurre, 1 cuill. à soupe de farine, 1 oignon
haché, 1/4 l de vin blanc, 1/4 l de bouillon
instantané, sel, poivre, 2 cuill. à soupe
d'herbes fines hachées, éventuellement
surgelées, 1 pincée d'herbes de Provence
déshydratées.
Temps de cuisson env. 1 heure à 180°
Valeur nutritive env. 300 Kcal = 1.255 Kjoules

Mettre tous les ingrédients dans la cocotte RÖMERTOPF trempée et fermer la cocotte RÖMERTOPF. Servir des pommes vapeur en accompagnement.

Tripes à la florentine

(Italie)

800 g de tripes précuites coupées en
lanières, 2 oignons, 2 carottes,
1 branche de céleri, une 1/2 boîte de
tomates pelées, sel, poivre du moulin,
un peu de zeste d'un citron non traité,
1 tasse de vin blanc sec, 1/2 gousse
d'ail.
Valeur nutritive et préparation identiques
à celles de la recette précédente.

PORC

BOEUF

VEAU

AGNEAU

GIBIER

VOLAILLE

VARIATIONS

POISSON

LEGUMES

GARNITURES

SOUPES

GRATINS

MES RECETTES PERSONNELLES
POUR LA COCOTTE RÖMERTOPF :

PREPARATION :

INGREDIENTS :

PREPARATION :

INGREDIENTS :

PREPARATION :

INGREDIENTS :

DELICIEUSES RECETTES
D'AGNEAU POUR FINS GOURMETS

L'agneau est une viande pour connaisseurs qui est de plus en plus appréciée. Nous nous réjouissons de pouvoir vous proposer différentes manières pour préparer cette viande au goût particulier. Extrêmement pauvre en graisse, la viande d'agneau a depuis longtemps perdu ce goût de mouton (appelé goût de la laine) que nous appréhendions tous et qui provenait essentiellement de la graisse des bêtes plus ou moins âgées. Bon nombre de personnes adore le goût tendre et délicat de la viande d'agneau. Pour obtenir une viande encore plus tendre,

enroulez-la pendant 2 jours dans un chiffon imbibé de vinaigre ou posez-la dans du babeurre.

Un soupçon de menthe est idéal pour épicer la viande d'agneau. L'ail lui convient également très bien.

Au fait, l'agneau est la viande préférée des peuples de la région méditerranéenne. Si vous goûtez à cette viande, vous découvrirez de nouvelles saveurs culinaires.

Gigot d'agneau braisé

(Sud de l'Allemagne, Autriche, Suisse)

1 petit gigot de 1000-1200 g, 1 citron, sel, poivre du moulin, 1 cuill. à soupe d'huile, 2 oignons, 1 carotte, 2 tomates, 2 gousses d'ail, un peu de menthe fraîche ou déshydratée, 1 tasse de bouillon, 1 tasse de vin rouge ou de bière, 1 cuill. à soupe de compote d'airelles, 1 cuill. à soupe de persil finement haché, 50 g de crème aigre.
Temps de cuisson env. 2 heures 30
Valeur nutritive env. 400 Kcal = 1.674 Kjoules

Couper toute la graisse apparente et la peau. Laver la viande, la tamponner à sec et la frotter avec le jus de citron, le sel et le poivre. Laisser reposer pendant une heure. Puis rôtir la viande de tous les côtés dans une poêle et la poser dans la cocotte RÖMERTOPF trempée. Nettoyer les légumes, les couper en petits morceaux et les ajouter à la viande. Saupoudrer le tout de menthe. Ajouter le bouillon et fermer la cocotte RÖMERTOPF. Après respectivement 30 minutes arroser la viande avec un peu de vin rouge réchauffé ou de la bière. En plus, dégraisser la sauce. Pour cela, vous pouvez déposer un peu de papier absorbant comme par exemple un filtre à café à la surface. Allonger éventuellement la sauce dans une petite casserole en ajoutant du bouillon. Rectifier avec de la compote d'airelles. Mélanger la sauce avec le persil et la crème acidulée. Rectifier l'assaisonnement avec le sel et le poivre.

Servir en accompagnement des knödels de pommes de terre et de la salade.

Gigot d'agneau Cumberland

(Angleterre)

Affiner la sauce avec le zeste d'une orange non traitée, 4 cuill. à soupe de porto, 4 cuill. à soupe de gelée de groseilles, 1 cuill. à soupe de moutarde et de jus de citron.

Agneau avec sauce à l'aneth

(Scandinavie)

1000 g de poitrine d'agneau, sel, 1/2 cuill. à café de grains de poivre, 1 bouquet d'aneth, 1/2 bouquet de persil, 1/4 l de bouillon, 1 cuill. à soupe de jus de citron, 2 cuill. à café de sucre, un peu de vinaigre, 150 g de crème acidulée, 2 cuill. à café de farine.
Temps de cuisson env. 2 heures
Valeur nutritive env. 300 Kcal = 1.255 Kjoules

Laver la viande, la tamponner à sec, la saler et la poser dans la cocotte RÖMERTOPF trempée. Ajouter les grains de poivre dans une boule à thé, la moitié de l'aneth et le persil en branches. Arroser le tout de bouillon et fermer la cocotte RÖMERTOPF. A la fin du temps de cuisson retirer les grains de poivre et les herbes condimentaires.

Rectifier l'assaisonnement de la sauce avec du jus de citron, du sucre, du vinaigre et de la crème acidulée. Lier la sauce avec un peu de farine préalablement délayée dans un peu d'eau. Hacher le reste de l'aneth et l'ajouter à la sauce.

Baron d'agneau aux champignons

(Bohême, Pologne)

1.200 g de baron d'agneau, 1 cuill. à café de thym déshydraté, 1 feuille de menthe, 1/2 bouquet de persil, 1 gousse d'ail, 1 cuill. à soupe d'huile, du paprika doux, sel, poivre du moulin, 1 oignon, à souhait 250 g de cèpes, de girolles, de pleurotes frais éventuellement en boîte de conserve, 1 tasse de bouillon, 1 cuill. à café de baies roses.

Temps de cuisson env. 1 heure 30
Valeur nutritive env. 500 Kcal = 2.093 Kjoules

Laver la viande et la tamponner à sec. Hacher finement les herbes fines préalablement lavées. Emietter les herbes fines déshydratées entre les doigts. Mélanger les herbes avec l'ail pressé, l'huile, le paprika, le sel et le poivre. Badigeonner la viande avec cette préparation et la poser dans la cocotte RÖMERTOPF trempée. Hacher les oignons pelés et ajouter 1 cuill. à café de baies roses et les champignons préalablement coupés en fines tranches. Arroser avec le bouillon. Fermer la cocotte RÖMERTOPF.
Après environ 1 heure de cuisson, arroser la viande avec le jus de cuisson. Allonger éventuellement la sauce avec un peu de bouillon ou de crème acidulée. Rectifier l'assaisonnement.

Servir en accompagnement des légumes ou de la salade verte, du pain blanc croustillant ou des pommes vapeur.

Baron d'agneau avec sauce à la menthe

(Angleterre)

Allonger la sauce comme suit : porter à ébullition 1/4 l de bouillon corsé, 1 cuill. à café de menthe déshydratée et émiettée, 2 cuill. à café de sucre et 2 cuill. à café de vinaigre de vin. Ajouter cette préparation à la sauce.

Emincé d'agneau au chou frisé

(Belgique)

600 g de goulasch d'agneau, sel,
poivre du moulin, 750 g de chou frisé,
1 oignon, 1 bouquet garni, 1 tasse de
bouillon, 1 cuill. à soupe de beurre,
2 cuill. à soupe de persil haché.
Temps de cuisson env. 1 heure 30
Valeur nutritive env. 300 Kcal = 1.255 Kjoules

Saler et poivrer la viande préalablement préparée. Couper le chou frisé nettoyé en huit. Peler l'oignon et le hacher. Mettre tous les ingrédients avec le bouquet garni coupé en petits morceaux dans la cocotte RÖMERTOPF trempée. Arroser avec le bouillon et fermer la cocotte RÖMERTOPF. Affiner le plat avec un peu de beurre et de persil à la fin de la cuisson. Rectifier l'assaisonnement. Servir en accompagnement des pommes vapeur.

Emincé d'agneau aux choux de Bruxelles (Hollande)

Remplacer le chou frisé par des choux de Bruxelles. Couper en lardons 50 g de lard fumé gras et 50 g de lard fumé maigre. Faire rissoler le lard et l'ajouter au plat. Mélanger 3 cuill. à soupe de chapelure avec 3 cuill. à soupe de fromage râpé et 1 cuill. à soupe de persil haché et saupoudrer cette préparation sur le plat. Faire dorer encore 10 minutes à découvert.

Viande d'agneau aux haricots verts (Russie)

600 g de viande d'agneau du gigot, sel,
poivre du moulin, 250 g d'oignons, 50 g
de beurre, 1 cuill. à soupe de farine,
1/4 l de bouillon, 1 cuill. à soupe de
concentré de tomates, 500 g d'haricots
verts, 2 gousses d'ail, 2 cuill. à soupe de
vodka, 2 cuill. à soupe de persil haché.
Temps de cuisson env. 1 heure 30
Valeur nutritive env. 500 Kcal = 1.946 Kjoules

PORC

BOEUF

VEAU

AGNEAU

GIBIER

VOLAILLE

VARIATIONS

POISSON

LEGUMES

GARNITURES

SOUPES

GRATINS

Laver la viande, la tamponner à sec et la couper en dés. Saler et poivrer. Peler les oignons et les couper grossièrement. Faire revenir les oignons et la viande dans le beurre dans une poêle. Mettre le tout dans la cocotte RÖMERTOPF trempée. Saupoudrer de farine et arroser avec le bouillon mélangé avec le concentré de tomates. Fermer la cocotte RÖMERTOPF. Après 3/4 d'heure ajouter les haricots verts préalablement préparés. Presser l'ail et l'ajouter. Rectifier l'assaisonnement du plat avec du sel, du poivre et de la vodka. Ajouter le persil.
Servir des pommes de terre en accompagnement.

Les plats à base d'agneau sont particulièrement délicieux dans les régions méditerranéennes parce qu'ils sont préparés avec amour. Voilà pourquoi nous avons sélectionné pour vous une multitude de recettes issues de la cuisine méditerranéenne et que nous les avons adapté à la cuisson dans la cocotte RÖMERTOPF.

Gigot d'agneau (France)

Comme la recette de base du gigot d'agneau braisé de la page 58. Préparer absolument la viande avec du vin et l'épicer avec des herbes de Provence. Cuire en même temps un bouquet garni coupé en petits morceaux et la mie d'un 1/2 petit pain pour lier la sauce. Un peu de Calvados rehausse le goût du gigot d'agneau.

Gigot d'agneau mariné

(France)

Laisser macérer la viande pendant deux jours dans une marinade composée de vin rouge, de vinaigre de vin, de sel, de grains de poivre, de 5 baies de genièvre, d'1 clou de girofle, d'1 feuille de laurier, d'1 oignon grossièrement coupé et d'un peu de zeste d'un citron non traité. Ajouter à la sauce terminée des lardons fumés maigres préalablement rissolés.

Gigot d'agneau flambé

(France)

Arroser le gigot d'agneau cuit hors de la cocotte RÖMERTOPF avec du cognac et le flamber de préférence à table pour faire plus d'effet.

Côtelettes d'agneau au four

(France)

250 g d'oignons, 250 g de pommes de terre, sel, poivre du moulin, un peu de noix de muscade râpée, 8 petites côtelettes d'agneau, 80 g de beurre, 1/8 l de bouillon et 1/8 l de vin blanc.

Temps de cuisson env. 1 heure 15

Valeur nutritive env. 500 Kcal = 2.092 Kjoules

Peler les oignons et les pommes de terre et les couper en tranches. Laver les côtelettes, les tamponner à sec, les saler et les poivrer. Faire revenir les deux côtés des côtelettes dans une poêle avec la moitié du beurre. Poser dans la cocotte RÖMERTOPF trempée d'abord une couche de pommes de terre, épicer avec le sel, le poivre et la noix de muscade. Former une deuxième couche avec la moitié des oignons. Puis poser les côtelettes. Ajouter le reste des rondelles d'oignons et de pommes de terre en alternant les couches et en épiçant comme indiqué. Répartir le reste du beurre en forme de flocons.

Arroser avec le bouillon et le vin. Fermer la cocotte RÖMERTOPF.
Servir en accompagnement de la salade verte.

Côtelettes d'agneau au four et gratinées

(France)

Préparer selon la recette ci-dessus. Mélanger 3 cuill. à soupe de fromage râpé, 1 cuill. à soupe de fines herbes hachées et 1 cuill. à soupe de crème fraîche. Poivrer suffisamment et répartir cette préparation sur les côtelettes en fin de cuisson. Cuire encore 10 minutes à découvert.

Baron d'agneau mariné

(Italie)

800 g de viande d'agneau du baron ou du collet, 1/4 l de vin rouge, 4 cuill. à soupe de vinaigre de vin, 1 tasse de fines herbes hachées à souhait (romarin, un peu de thym et beaucoup de persil sont indispensables), 4 oignons, 4 gousses d'ail, 50 g de lard fumé maigre, 4 cuill. à soupe d'huile d'olive, 1 tasse de bouillon instantané, 1 piment, 1 petite boîte de tomates, 3 carottes, 100 g d'épinards ou de bettes, sel, poivre du moulin, 4 tranches de pain blanc.

Temps de cuisson env. 1 heure 30
Mariner la viande auparavant
Valeur nutritive env. 650 Kcal = 2.920 Kjoules

Laver la viande et la poser dans un bol pas trop grand. Mélanger le vin avec le vinaigre de vin et les fines herbes. Arroser la viande avec cette préparation et laisser mariner de 3 heures à 3 jours. Peler 2 oignons et 2 gousses d'ail et les hacher. Couper le lard en dés et le faire rissoler dans une poêle. Ajouter l'huile et faire revenir la viande préalablement tamponnée à sec. Cuire en même temps, mais brièvement les oignons et l'ail. Puis mettre ces ingrédients dans la cocotte RÖMERTOPF trempée. Mouiller avec 1 tasse de marinade et de bouillon. Ajouter le piment. Après 1 heure de cuisson, ajouter les tomates en conserve et le bouquet garni coupé en petits morceaux. Arroser avec le reste de marinade. Saler et poivrer. A présent, arroser la viande toutes les 30 minutes avec le jus de cuisson. Saler et poivrer le pain blanc grillé et le tartiner avec l'ail pressé. Répartir les tranches de pain sur les assiettes et les garnir de viande.

Arroser de sauce.

Baron d'agneau aux olives

(Espagne)

1.000 g de baron d'agneau, 1/4 l de vin blanc, sel, quelques grains de poivre, 3 gousses d'ail, 2 oignons, 4 cuill. à soupe d'huile d'olive, 2 cuill. à soupe de farine, 100 g d'olives farcies, 4 cuill. à soupe de crème de sherry.
Temps de cuisson env. 1 heure 30
Mariner la viande au préalable
Valeur nutritive env. 650 Kcal = 2.720 Kjoules

Laver la viande, la tamponner à sec, la poser dans un bol, l'arroser de vin et la saler.

PORC

BOEUF

VEAU

AGNEAU

GIBIER

VOLAILLE

VARIATIONS

POISSON

LEGUMES

GARNITURES

SOUPES

GRATINS

Ajouter les grains de poivre, les gousses d'ail pelées et coupées en deux et les oignons. Laisser mariner un à deux jours. Puis la tamponner à sec et la faire revenir de tous les côtés dans une poêle et de l'huile. Saupoudrer de farine et la poser dans la cocotte RÖMERTOPF trempée. Arroser avec 1/4 l de marinade et fermer la cocotte RÖMERTOPF. Après une heure et une demie heure supplémentaire arroser la viande avec le reste de la marinade chauffée. Ajouter quelques olives préalablement coupées en deux et du sherry dans la sauce.

Servir en accompagnement du riz.

Baron d'agneau (Italie)

Ne pas mariner la viande préparée au préalable. Par contre avant de la rôtir, frotter la viande avec une préparation composée de thym et de menthe déshydratés, d'huile, de poivre grossièrement moulu et d'ail pressé. Garnir avec 250 g de petits oignons pelés et 250 g de champignons de votre choix coupés en petits morceaux.

Fricassé d'agneau

(Croatie)

30 g de champignons déshydratés, 750 g
de viande d'agneau coupée en dés, 4 cuill.
à soupe d'huile d'olives, 1 cuill. à soupe
de farine, à chaque. fois 1 cuill. à soupe de
romarin et de thym frais ou 1 cuill. à café
de romarin et de thym déshydratés, sel,
du poivre du moulin, de la noix de
muscade râpée, 1/4 l de vin blanc, 2 oeufs,
1/2 citron.
Temps de cuisson env. 1 heure 30
La valeur nutritive dépend des morceaux de
viande utilisés

Laver soigneusement les champignons déshydratés et les couper en petits morceaux. Laver la viande et la tamponner à sec. Faire revenir la viande de tous les côtés dans l'huile tout en remuant constamment. Saupoudrer de farine et transvaser le tout dans la cocotte RÖMERTOPF trempée. Saupoudrer d'herbes fines et d'épices. Arroser avec 1 tasse de vin. Fermer la co-

cotte RÖMERTOPF. Après respectivement 30 minutes, arroser la viande avec du vin chauffé et de l'eau. Lorsque la viande est tendre, saler les oeufs, les poivrer, les brouiller avec le jus de citron et les incorporer délicatement à la sauce.
Servir en accompagnement du pain blanc et de la salade verte.

Agneau à la méditerranéenne

(France)

800 g de viande d'agneau coupée en
gros dés, 30 g de lanières de lard fumé,
3 oignons, 1 gousse d'ail, 1 cuill. à soupe
de beurre, une feuille de laurier, 250 g de
carottes, 250 g de navets, 1 morceau de
couenne de lard, un peu de zeste d'une
orange non traitée, sel, poivre du moulin,
1 tasse de vin blanc, 1 tasse de bouillon
instantané.
Temps de cuisson env. 2 heures
Valeur nutritive env. 700 Kcal = 2.930 Kjoules

Laver la viande, la tamponner à sec et la piquer de tranches de lard. Faire dorer la viande, les oignons coupés en petits morceaux et l'ail dans une poêle et du beurre tout en remuant constamment. Préparer les carottes et les navets, les couper en petits morceaux et les mettre dans la cocotte RÖMERTOPF trempée. Répartir le contenu de la poêle sur les légumes et ajouter la couenne de lard. Saupoudrer d'écorce d'orange, de sel et de poivre. Arroser avec du vin et du bouillon. Fermer la cocotte RÖMERTOPF.
Servir en accompagnement des pommes de terre ou du pain blanc.

Agneau aux légumes (Grèce)

700 g de viande d'agneau, 3 oignons,
4 cuill. à soupe d'huile d'olives, sel, poivre
du moulin, 1 boîte de concentré de
tomates, 1 tasse de bouillon instantané,
à chaque. fois env. 200 g d'aubergines,
de courgettes, de poivrons, d'haricots
verts et de pommes de terre.
Temps de cuisson env. 1 heure 30
La valeur nutritive dépend de la viande utilisée.

Laver la viande, la tamponner à sec, la couper en gros dés et la faire revenir avec les rondelles d'oignons dans une poêle et de l'huile.
Préparer tous les légumes, les couper grossièrement et les mettre dans la cocotte RÖMERTOPF trempée. Saler, poivrer. Puis poser le contenu de la poêle sur le lit de légumes. Mélanger le bouillon avec le concentré de tomates et verser cette préparation sur la viande.
Entre-temps, arroser si nécessaire avec du liquide chaud.

Agneau aux légumes (Turquie)

Remplacer les pommes de terre par des champignons. Faire revenir beaucoup de gousses d'ail coupées en deux. Ajouter 1/4 de yaourt.

Pilaf d'agneau

(Nord de l'Afrique)

700 g de viande d'agneau du cuisseau,
2 oignons, 2 cuill. à soupe d'huile, sel,
curcuma, un peu de clou de girofle en
poudre, 1 poivron rouge, 100 g de riz,
4 cuill. à soupe de raisins de Corinthe,
300 ml de bouillon, 1 cuill. à soupe de
pistaches hachées, 200 g de raisins.
Temps de cuisson env. 1 heure 30
Valeur nutritive env. 750 Kcal = 3.139 Kjoules

Laver la viande, la tamponner à sec, la couper en dés et la faire revenir dans une poêle et de l'huile avec les oignons pelés et coupés en quarts. Transvaser ces ingrédients dans la cocotte RÖMERTOPF trempé. Saupoudrer d'épices. Préparer et couper le poivron en dés et l'ajouter à la viande. Rincer le riz et les raisins de Corinthe à l'eau et les incorporer à la viande. Mouiller avec le bouillon et fermer la cocotte RÖMERTOPF. Mélanger avec précaution les différents ingrédients de ce plat. Incorporer délicatement les pistaches et les raisins coupées en deux. Chauffer brièvement avec le reste. Rectifier l'assaisonnement du pilaf d'agneau.

Pilaf d'agneau (Turquie)

Epicer avec du safran à la place du curcuma, de la noix de muscade et beaucoup d'ail. Incorporer des dés de tomates pelées et des aubergines rissolées à la place des raisins.

Pilaf d'agneau (Grèce)

Remplacer le curcuma et les raisins par 500 g de tomates. Modifier le goût avec un peu de cannelle, de clous de girofle en poudre et beaucoup de persil haché. Saupoudrer le pilaf avec des amandes hachées.

Agneau aux épices

(Inde)

600 g de viande d'agneau, 1 gousse
d'ail, 1/2 cuill. à café de gingembre en
poudre, à chaque fois 1 pincée de
cumin, de poivre de Cayenne et de
curry en poudre, sel, 1 cuill. à soupe
d'huile, 2 cuill. à soupe de jus de
citron, 50 g de raisins de Corinthe, 50 g
de noix, 2 cuill. à soupe de sucre roux,
200 g de crème acidulée, 1 cuill. à café
de safran, 1 cuill. à soupe de fécule.
Temps de cuisson env. 1 heure 30
Laisser mariner la viande pendant 2 jours
Valeur nutritive env. 600 Kcal = 2.511 Kjoules

Préparer la viande et la couper en morceaux de grosseur moyenne. Presser l'ail et le mélanger avec les épices, un peu de sel et l'huile. Ajouter le jus de citron et 2 cuill. à soupe d'eau. Répartir cette préparation sur la viande et laisser mariner 2 jours. Transvaser ces ingrédients dans la cocotte RÖMERTOPF trempé. Après une heure, ajouter tous les ingrédients mis à part le safran et la fécule. Ajouter en dernier le safran dilué dans de l'eau chaude et la fécule diluée.

PORC

BOEUF

VEAU

AGNEAU

GIBIER

VOLAILLE

VARIATIONS

POISSON

LEGUMES

GARNITURES

SOUPES

GRATINS

Laisser cuire encore quelques minutes. Servir en accompagnement des légumes cuits à la vapeur tels que du chou-fleur ou du brocoli.

Agneau aux tomates

(Inde)

400 g de goulasch d'agneau, sel, poivre du moulin, 2 cuill. à soupe d'huile, 2 gros oignons, 2 gousses d'ail, 1 petite boîte de conserve de tomates pelées, de la carda-mome, des clous de girofle en poudre, de la coriandre et du cumin à souhait, suffisamment de curcuma, 150 g de yaourt à la crème, 100 g de crème fraîche.
Temps de cuisson env. 1 heure 30
Valeur nutritive env. 450 Kcal = 1.883 Kjoules

Laver la viande et la tamponner à sec. Saler et poivrer. Faire revenir la viande dans une poêle et de l'huile. Ajouter les oignons et l'ail pelés et hachés et les faire suer. Transvaser ces ingrédients dans la cocotte RÖMERTOPF trempée. Epicer les tomates afin qu'elles soient bien relevées et de goût exotique. Ajouter les tomates et le yaourt à la viande. Fermer la cocotte RÖMERTOPF. Incorporer la crème fraîche et

rectifier l'assaisonnement. Servir en accompagnement une galette de pain.

Brochettes d'agneau

(Inde)

Préparer la sauce aux tomates comme indiqué dans la recette précédente, mais sans viande. Laisser cuire la sauce pendant seulement 1 heure et l'épicer avec beaucoup de curry. Enfiler alternativement des dés de viande d'agneau maigre et des petits oignons et cuire ces brochettes dans la sauce.

MES RECETTES PERSONNELLES POUR LA COCOTTE RÖMERTOPF :

PREPARATION :

INGREDIENTS :

SPECIALITES
A BASE DE GIBIER
POUR LES CONNAISSEURS

Le gibier est une viande maigre au goût particulier. Cette viande se trouve durant toute l'année et se présente également congelée sans altération de goût. Le gibier trouve son origine en Europe centrale et au Nord de l'Europe. Dans ces régions, la réserve est relativement importante ce qui permet d'obtenir du gibier à prix modéré. Dans les régions méditerranéennes, seuls le Sud de la France, le Nord de l'Italie et quelques rares régions montagnardes de la Grèce mettent le gibier à l'affiche dans leur cuisine. Mis à part en France, en Espagne et en Italie, le gibier à plumes est rarement servi. Le lièvre ou le lapin par contre est largement répandu et préparé selon de délicieuses recettes.

Rôti de cerf mariné

1.000 g de selle, de cuissot ou de ragoût de cerf avec os, 1/8 l de vinaigre de vin ou d'estragon, 1 oignon, de la marjolaine, du thym, quelques baies de genièvre écrasées, du romarin, de la sauge, 125 g de lard fumé maigre, 2 cuill. à soupe de beurre, le zeste d'1/4 de citron non traité, 1/4 l de crème acidulée, sel, poivre du moulin, à chaque fois 1 cuill. à soupe de gelée de groseilles, de moutarde, de persil haché et de pain d'épices.

Temps de cuisson env. 2 heures

Laisser mariner la viande pendant 2 jours

Valeur nutritive env. 500 Kcal = 2.092 Kjoules

Chauffer le vinaigre. Ajouter les rondelles d'oignons et les épices. Poser la viande préalablement lavée dans cette préparation et la laisser mariner pendant 2 jours. Puis sortir la viande de la marinade, la tamponner à sec et la larder.
Poser la viande dans la cocotte RÖMER-TOPF trempée et la saupoudrer de flocons de beurre. Arroser avec 1 tasse de marinade préalablement passée au tamis. Ajouter le zeste de citron. Fermer la cocotte RÖMERTOPF.
Après respectivement 40 minutes, arroser avec un peu de marinade réchauffée afin que la viande reste juteuse. Passer la sauce au chinois, incorporer la crème acidulée, saler et poivrer. Ajouter la gelée de groseille, la moutarde, le persil et le pain d'épices émietté à la sauce et mélanger bien le tout. Mettre encore 10 minutes au four. Servir en accompagnement des boulettes de pommes de terre crues, du chou rouge et des airelles.

Rôti de cerf mariné au vin rouge

Pour la marinade mélanger à part égale du vin rouge et du babeurre.

Rôti de cerf "nature"

Jadis, le gibier a toujours été mariné. De nos jours, on l'apprécie nature afin de mieux savourer son goût particulier que la marinade a souvent tendance à masquer. La viande devient plus tendre, si on la pose pendant quelques heures dans du babeurre ou si on l'enveloppe dans un torchon préalablement trempé dans du vinaigre. En lardant la viande de cerf relativement maigre avec du lard fumé, elle devient plus juteuse. Le vin rouge, la crème et le bouillon conviennent toujours pour la préparation de la sauce.

Rôti de chevreuil

On peut le préparer suivant toutes les recettes de rôti de cerf.
La marinade masque légèrement le goût particulier du gibier.
Voilà pourquoi nous la déconseillons.

Rôti de chevreuil aux champignons

Poser la viande sur une couche de très fines tranches de lard gras dans la cocotte RÖMERTOPF trempée. Ajouter à la sauce quasiment prête 250 g de champignons coupés en tranches. Faire dorer 2 oignons hachés dans 1 cuill. à soupe de beurre et les ajouter à la sauce avec 2 cuill. à soupe de persil haché. Mélanger bien le tout.

Marcassin

En ce moment, le marcassin est très à la mode. Bien préparée, cette viande est un vrai délice. Consommez-la de préférence en novembre et en décembre lorsque c'est la période de la chasse au sanglier afin qu'elle soit le plus frais possible. Cette viande généralement un peu grasse ne se laisse pas aussi facilement congeler qu'un autre gibier.
Conseil : utiliser de préférence des morceaux de viande maigres et couper la graisse apparente.

Contrairement aux autres gibiers, la viande de marcassin n'est pas bardée et elle est cuite sans adjonction de graisse. Dégraisser la sauce en y posant un papier absorbant ou un filtre à café car le goût parfois trop prononcé et typique au sanglier se trouve dans la graisse. Toutes sortes de knödels accompagnent le marcassin.

Marcassin mariné

Mariner et cuire la viande d'après la recette figurant à la page 66 "Rôti de cerf mariné".

La valeur nutritive dépend de la teneur en graisse de la viande.

Petit à petit le lapin se hisse également chez nous au rang de délicatesse culinaire. Le lièvre et le lapin sont préparés de la même façon. Nous avons calculé un lapin pour 4 personnes, mais il suffirait largement pour 5 à 6 personnes.

Rôti de lapin à l'ancienne

1 lapin, 1/2 l de vin blanc, un peu
de vinaigre, 1 oignon, 1/2 feuille de
laurier, un peu de cerfeuil, 50 g de lard
fumé gras, 150 g de crème acidulée, 250 g
de champignons cuits, 250 g de morceaux
d'asperges cuits, 1 cuill. à soupe de beurre,
2 cuill. à soupe de persil ou de cresson
haché, 1 jaune d'oeuf.
Temps de cuisson env. 1 heure 30
Laisser mariner la viande pendant 1 à 2 jours
Valeur nutritive env. 500 Kcal = 2.092 Kjoules

Laver et préparer la viande et la couper en morceaux. Laisser mariner la viande pendant 1 à 2 jours dans un mélange de vin, d'eau vinaigrée, de rondelles d'oignons, de feuille de laurier et de cerfeuil. Avant de cuire la viande, la tamponner à sec. Larder la viande et la faire cuire brièvement sans aucune adjonction de graisse dans une poêle. Transvaser la viande dans la cocotte RÖMERTOPF trempée. Arroser la viande avec 1 tasse de marinade et 100 g de crème. Fermer la cocotte RÖMERTOPF. Entre-temps, arroser deux fois la viande avec la marinade chauffée. Ajouter au jus de cuisson les champignons, les asperges et le beurre. Mélanger le tout. Rectifier l'assaisonnement. Ajouter les fines herbes. Lier légèrement la sauce avec le jaune d'oeuf préalablement délayé dans le reste de crème.

Servir en accompagnement du chou de Bruxelles, des spätzle et des pommes farcies aux cerises.

De nos jours, le lièvre n'est plus mariné, mais posé seulement pendant 12 heures dans du babeurre ou enveloppé pendant 24 heures dans un torchon trempé dans le vinaigre. Un lièvre entier suffit pour 6 personnes et remplit largement le grand RÖMERTOPF.

Rôti de lièvre

Au moins 1.000 g de viande de lièvre
avec os, poivre du moulin, 100 g de
lard fumé maigre, sel, 3 oignons,
3 carottes, 1 tranche de pain bis,
1 bouquet de persil (si possible avec
racines), 1 tasse de vin rouge, 2 cuill.
à soupe de jus de citron, 1 tasse de
crème acidulée.
Temps de cuisson env. 1 heure 30
Valeur nutritive env. 400 Kcal = 1.674
Kjoules

Laver la viande, la tamponner à sec. Saler et poivrer et larder généreusement.

PORC

BOEUF

VEAU

AGNEAU

GIBIER

VOLAILLE

VARIATIONS

POISSON

LEGUMES

GARNITURES

SOUPES

GRATINS

Poser la viande dans la cocotte RÖMER-TOPF trempée. Couper les oignons et les carottes en petits morceaux. Ajouter les oignons, les carottes, le pain bis émietté et les racines de persil raclées. Arroser de vin rouge et fermer la cocotte RÖMERTOPF. Entre-temps, arroser si nécessaire avec un peu d'eau chaude. Passer la sauce au chinois et la porter à ébullition avec le jus de citron et la crème. Rectifier l'assaisonnement et ajouter un peu de persil haché. Servir en accompagnement des knödels de pommes de terre, de la compote d'airelles et du chou rouge ou de la salade verte.

Rôti de lièvre épicé

Ajouter des baies de genièvre, des grains de poivre, 1 clou de girofle et une 1/2 feuille de laurier à la cuisson.

Brochettes de gibier

C'est une façon délicieuse de préparer un met succulent à partir de restes de gibier. Couper des restes de viande cuite en fines tranches et les enfiler avec la viande, des oignons grelots et des champignons en boîte sur des brochettes. Saupoudrer de sauce Cumberland et servir avec du pain bis.

Perdrix

Les perdrix qui font partie du gibier à plumes sont un vrai délice en septembre et en octobre. Veiller à ce qu'elles soient relativement jeunes (les pattes doivent être d'un jaune clair). On peut préparer les perdrix de la même façon que les poules dont les recettes sont expliquées ci-après.

Perdreaux rôtis

4 perdreaux, sel, 2 cuill. à soupe de jus
de citron, 1 cuill. à soupe de beurre, 1/2
feuille de laurier, quelques grains d'épices,
un peu de thym, 1 oignon, 1 bouquet
garni, 100 g de crème acidulée, 50 g de
lard fumé gras, 1/8 l de vin rouge.
Temps de cuisson env. 1 heure 15
Valeur nutritive env. 300 Kcal = 1.256 Kjoules

Laver les perdreaux et les tamponner à sec. Saler légèrement l'intérieur et l'extérieur des perdreaux. Arroser de jus de citron. Hacher finement le coeur et le foie, les mélanger avec le beurre et les épices. Farcir les perdreaux avec cette préparation. Fermer les ouvertures avec du fil coton blanc et poser les perdreaux côte à côte dans la cocotte RÖMERTOPF trempée. Couper l'oignon et le bouquet garni en petits morceaux et les ajouter au gibier. Arroser de crème. Recouvrir avec de fines tranches de lard et fermer la cocotte RÖMERTOPF.
Arroser constamment les perdreaux avec du vin rouge et les laisser rôtir selon goût pendant 10 minutes à découvert.
Servir en accompagnement du pain bis ou de la purée de pommes de terre et de la choucroute.

Faisan

Le temps de cuisson est de 2 heures

Préparer le faisan comme les perdreaux. Un faisan suffit pour 2-3 personnes.

Rôti de cerf à l'aigre-doux

(Europe de l'est)

Préparer selon la recette de base de la page 66. Utiliser peu de vinaigre et d'épices. Ajouter beaucoup de cornichons coupés en petits morceaux à la sauce. Utiliser la saumure des cornichons pour faire la marinade. Affiner la sauce avec de la crème acidulée et des câpres.

Rôti de cerf garni

(Scandinavie)

Peler 4 pommes acidulées. Enlever le trognon et remplir le creux avec de la compote d'airelles. Mettre les pommes dans la cocotte RÖMERTOPF durant les 30 dernières minutes et les servir en accompagnement.

Paupiettes de cerf (Hongrie)

Préparer selon la recette de base de la page 38. Intégrer à chaque fois un morceau de cornichon en saumure supplémentaire et ajouter une feuille de laurier. Affiner la sauce avec de la crème acidulée et l'épicer avec du paprika en poudre.

Goulasch aux poivrons

(Hongrie)

700 g de goulasch de biche ou de cerf, sel,
poivre du moulin, 50 g de lard fumé
maigre, 3 oignons, 3 gousses d'ail,
3 poivrons, 2 cuill. à soupe de farine,
1 cuill. à soupe de paprika doux en
poudre, à chaque fois 1/8 l de bouillon,
de crème acidulée et de vin rouge.
Temps de cuisson env. 1 heure 30
Valeur nutritive env. 500 Kcal = 2.092 Kjoules

Saler et poivrer la viande. Couper le lard en dés et le faire revenir dans la poêle avec la viande tout en remuant constamment. Peler les oignons et l'ail, les couper en petits dés et les faire revenir brièvement. Enlever le pédoncule et les pépins des poivrons, les couper en quarts et les ajouter dans la cocotte RÖMERTOPF trempée. Répartir la viande et les oignons sur les poivrons. Saupoudrer de farine et de paprika en poudre. Arroser avec le bouillon. Fermer la cocotte RÖMERTOPF. Après respectivement 30 minutes, ajouter la crème réchauffée et le vin.
Rectifier l'assaisonnement de la sauce.

Servir en accompagnement du riz.

Renne

La viande de renne, très appréciée en Scandinavie et en Europe centrale (vendu surgelée) peut être préparée d'après les mêmes recettes que pour chevreuil et cerf.

Rôti de marcassin "Chasseur"

(Nord de l'Allemagne)

Préparer selon la recette de base de la page 67.
Modifier la sauce avec une pomme acidulée râpée, du jus de citron et des miettes de pain bis. Rectifier l'assaisonnement avec un peu de gin ou de wodka.

Marcassin à la sauce aux câpres

(Suisse)

Modifier la sauce avec des câpres, un peu de confiture de groseilles et du cresson.

Lapin à la bière

(Allemagne)

Pour env. 6 personnes : 1 lapin, 4 cuill.
à soupe de vinaigre, 1/2 l de bière,
250 g d'oignons, 50 g de lard fumé
gras, 1/2 bouquet de persil, 1 cuill. à
café de thym déshydraté, sel, 1 cuill. à
soupe de pain noir émietté, du poivre
du moulin.
Temps de cuisson env. 2 à 2 heures 30
Mariner la viande auparavant
Valeur nutritive env. 400 Kcal = 1.674
Kjoules

PORC
BOEUF
VEAU
AGNEAU
GIBIER
VOLAILLE
VARIATIONS
POISSON
LEGUMES
GARNITURES
SOUPES
GRATINS

Découper le lapin. Laisser mariner la viande pendant au moins 12 heures dans un mélange d'eau vinaigrée et de bière. Tamponner la viande à sec, la rôtir dans une poêle avec les dés d'oignons et de lard. Transvaser le tout dans la cocotte RÖMERTOPF trempée. Saupoudrer avec un peu de persil et de thym. Saler. Arroser avec 1 tasse de marinade et fermer la cocotte RÖMERTOPF. Durant la cuisson, ajouter plusieurs fois de la marinade réchauffée. Rectifier l'assaisonnement de la sauce, y ajouter du persil haché. Lier la sauce avec du pain émietté. Poivrer généreusement. Mettre encore 10 minutes au four.

Servir en accompagnement des knödels de pommes de terre.

Lapin à l'aigre-doux

(Belgique)

Ajouter à la sauce finie suffisamment de dés de tomates pelées. Rectifier le goût avec de la confiture d'oranges et à souhait du cognac. Mettre encore 10 minutes au four.

Lapin au fromage

(Hollande)

Avant de servir saupoudrer une couche relativement épaisse de fromage râpé sur la viande. Mettre encore 10 minutes au four à découvert.

Perdrix farcie

(Russie)

3 perdrix, sel, quelques grains de poivre,
1 gousse d'ail, 50 g de pain blanc, 1 jaune
d'oeuf, sel, poivre du moulin, 200 g de
crème acidulée, 50 g de beurre.
Temps de cuisson env. 1 heure 15
Valeur nutritive env. 350 Kcal = 1.464 Kjoules

Couper une des perdrix en quatre et faire cuire la viande dans peu d'eau avec les grains de poivre et l'ail jusqu'à ce qu'elle soit tendre. Désosser la viande. Puis la passer dans le hachoir avec le pain préalablement trempé et essoré. Mélanger avec le jaune d'oeuf, saler et poivrer amplement. Laver l'intérieur et l'extérieur des deux perdrix restantes. Saler et poivrer. Farcir les perdrix et fermer l'ouverture avec du fil coton blanc. Poser la viande dans la cocotte RÖMERTOPF trempée. Verser 4 cuill. à soupe de crème acidulée sur la viande, la saupoudrer de flocons de beurre et fermer la cocotte RÖMERTOPF. Après env. 60 minutes ajouter le reste de crème acidulée réchauffé et le beurre.

Servir en accompagnement des pommes de terre.

Chevreuil à la crème à la moutarde

(France)

Env. 700 g d'épaule de chevreuil, sel,
poivre du moulin, 1 oignon, 1 caïeux d'ail,
1/2 feuille de laurier, 6 cuill. à soupe de
moutarde de Dijon, env. 200 ml de vin
blanc du pays, 100 g de beurre, 200 ml de
crème fraîche.
Temps de cuisson env. 1 heure 30
Valeur nutritive env. 600 Kcal = 2.511 Kjoules

Laver la viande, la tamponner à sec et la couper en gros dés. Saler et poivrer généreusement.

Poser la viande avec l'oignon et l'ail pelés dans la cocotte RÖMERTOPF trempée. Ajouter la feuille de laurier émiettée entre les mains et les flocons de beurre. Fermer la cocotte RÖMERTOPF. Après respectivement 30 minutes verser la crème réchauffée et le vin mélangé à de la moutarde sur la viande. Rectifier l'assaisonnement de la sauce.

Servir en accompagnement des croquettes de pommes de terre et de la salade verte.

Chevreuil sur lit de lentilles

(Espagne)

200 g de lentilles sèches, 2 oignons, 2 caïeux d'ail, 1 boîte de concentré de tomates, 1 poivron vert, quelques grains de poivre, 1/4 l de vin blanc sec, 750 g d'épaule de chevreuil, 4 cuill. à soupe d'huile d'olives, 2 cuill. à soupe de persil haché.

Temps de cuisson env. 2 heures

Tremper les lentilles pendant 12 heures

Valeur nutritive env. 550 Kcal = 2.030 Kjoules

Laisser tremper les lentilles pendant 12 heures. Puis les verser avec l'eau de trempage, les dés d'oignons et d'ail, la purée de tomates, le poivron préalablement coupé en lanières et les grains de poivre dans la cocotte RÖMERTOPF trempée. Ajouter le vin, puis la viande. Arroser la viande avec l'huile et la saupoudrer de persil haché. Fermer la cocotte RÖMERTOPF.

Servir en accompagnement des pommes de terre ou du pain.

Selle de chevreuil "Gourmet"

(France)

Illustration page 65

Cuire la selle de chevreuil selon la recette de base de la page 66. Lever les filets, les couper en biais en tranches, les tartiner de pâte truffée et reconstituer la selle de chevreuil. Remplir une poche à dresser à petite douille de pâte truffée et garnir le dessus de la selle de chevreuil avec de petites touffes. Garnir à chaque fois avec un morceau de filet d'orange et une petite girolle en conserve.

Mettre encore une fois au four à découvert pendant 10 minutes. Rectifier l'assaisonnement de la sauce en ajoutant du jus d'orange, de la crème et beaucoup de poivre.

La grande cocotte RÖMERTOPF est idéale pour des lapins ou des lièvres préparés pour 6 personnes.

Ragoût de lièvre au vin

(Italie)

Pour env. 6 personnes : 1 lièvre, 2 gousses d'ail, 2 gros oignons, 2 carottes, 1 branche de céleri, 1 feuille de laurier, du persil avec racine, un peu de thym et d'origan, quelques grains de poivre, sel, 1/2 l de vin rouge du pays, 100 g de lard fumé maigre, 4 cuill. à soupe d'huile d'olive, 1 tranche de pain blanc, 1 cuill. à soupe de cacao en poudre, 1 cuill. à café de sucre.

Temps de cuisson 1 heure 30 à 2 heures

Mariner la viande 1 jour auparavant

Valeur nutritive env. 550 Kcal = 2.030 Kjoules

Découper le lièvre préalablement lavé en portions. Couper les légumes en petits morceaux. Saupoudrer la viande d'épices et la mélanger avec les légumes. Arroser avec le vin.
Laisser macérer pendant 1 jour. Couper le lard en lanières et le faire rissoler dans une poêle avec de l'huile. Tamponner la viande à sec et la faire dorer dans la poêle par portions. Poser dans la cocotte RÖMERTOPF trempée d'abord la tranche de pain blanc, la saupoudrer de cacao et de sucre. Puis ajouter la viande et le lard. Arroser avec un 1/2 l de marinade. Fermer la cocotte RÖMERTOPF.

PORC

BOEUF

VEAU

AGNEAU

GIBIER

VOLAILLE

VARIATIONS

POISSON

LEGUMES

GARNITURES

SOUPES

GRATINS

Après respectivement 30 minutes ajouter la marinade réchauffée.
Puis retirer la viande et la tenir au chaud. Passer la sauce au chinois en insistant sur les légumes et le pain. Rectifier l'assaisonnement.

Servir en accompagnement du pain blanc croustillant ou de la polenta (recette voir page 131)

Lièvre aux tomates

(Italie)

Cuire avec le lapin des tomates pelées coupées en dés. Mélanger la sauce avec des lanières de poivrons rouges en saumure et des griottes cuites à l'étuvée.

Lièvre aux raisins secs

(Espagne)

Arroser la viande avec du jus de tomate et mélanger la sauce avec 50 g de raisins secs et 50 g de pignons.

Lièvre à la sauce aux noix

(Grèce)

Cuire le lièvre à l'étuvée dans un mélange de vin blanc, d'ail, de céleri en branche et de jus de citron. Passer le fond au tamis et le rallonger à souhait avec du bouillon. Affiner le fond avec 50 g de noix moulues. Préparer le lapin comme le lièvre, mais remplacer toujours le vin rouge par du vin blanc. Un lapin suffit pour 6 personnes.

Lapin Marengo (Italie)

1 lapin, sel, poivre du moulin, 1/2 citron,
1 boîte de tomates pelées, 3 oignons,
3 gousses d'ail, à chaque fois 4 cuill. à
soupe de persil haché et de céleri en
branches, 100 g d'olives farcies, 1/4 l de
vin blanc sec, 4 cuill. à soupe d'huile
d'olive, 4 cuill. à soupe de cognac, 1 cuill.
à soupe de pignons.
Temps de cuisson env. 1 heure 30
Préparer le lapin 1 heure à l'avance
Valeur nutritive env. 500 Kcal = 2.092 Kjoules

Frotter les portions de lapin avec du sel, du poivre et les arroser avec du jus de citron.
Laisser reposer pendant 1 heure. Mettre les tomates dans la cocotte RÖMERTOPF trempée. Peler les oignons et l'ail et les répartir sur les tomates. Répartir le persil, le céleri en branches et les olives coupées en quarts par-dessus. Saler, poivrer et arroser de vin. Poser la viande sur ce lit de légumes, l'arroser d'huile et fermer la cocotte RÖMERTOPF. Après respectivement 30 minutes arroser la viande alternativement avec de l'eau tiède, du vin et du cognac. Saupoudrer la viande de pignons. Servir en accompagnement du pain blanc croustillant.

Lapin aux raisins

(Grèce)

Ajouter env. 200 g de baies de raisin blanc épépinées et coupées en deux durant les 10 dernières minutes de cuisson. Lier la sauce avec des amandes râpées.

Perdrix au chou blanc

(France)

2 perdrix, sel, poivre, 800 g de chou blanc,
100 g de lard fumé maigre, 50 g de beurre,
1 grande carotte, 1 cuill. à café d'herbes
de Provence déshydratées, 1 tasse de
bouillon instantané, 200 g de saucisse
à l'ail.
Temps de cuisson env. 1 heure
La valeur nutritive dépend de la saucisse

Saler, poivrer et couper les perdrix en quatre.
Couper le chou blanc en grosses lanières et le mettre dans la cocotte RÖMERTOPF trempée. Arroser de bouillon. Couper le lard en fines lanières, le faire rissoler dans la poêle et 1 cuill. à soupe de beurre. Faire dorer les quarts de perdrix en même temps. Racler la carotte, la couper en petits morceaux, la faire cuire avec la viande et la saupoudrer de fines herbes. Répartir le contenu de la poêle sur le chou blanc et l'arroser de bouillon. Saupoudrer de flocons de beurre. Fermer la cocotte RÖMERTOPF. Après 45 minutes, incorporer des rondelles de saucisse et rectifier l'assaisonnement.

Servir en accompagnement des pommes de terre au four ou des croquettes de pommes de terre.

Perdrix au vin blanc

(Italie)

2 perdrix prêtes à l'emploi, sel, poivre du moulin, 2 grandes et fines tranches de lard fumé maigre, 3 cuill. à soupe d'huile, 100 g de foie de volaille, 2 gousses d'ail, 2 oignons, 150 g de champignons, 1/2 l de vin blanc du pays, 2 cuill. à soupe de persil haché, 2 cuill. à café de fécule.
Temps de cuisson env. 1 heure 15
Valeur nutritive env. 650 Kcal = 2.720 kjoules

Laver les perdrix, les tamponner à sec et les frotter avec le sel et le poivre. Fixer à chaque fois la tranche de lard avec du fil coton blanc autour des parties de la poitrine et du ventre, des ailes et des cuisses. Poser les perdrix dans la cocotte RÖMERTOPF trempée et les arroser d'huile. Parer le foie et le couper en morceaux.
Hacher grossièrement les oignons et l'ail. Couper les champignons en quatre. Ajouter le tout à la viande et arroser de vin. Saler et fermer la cocotte RÖMERTOPF. Après le temps de cuisson, sortir les perdrix du RÖMERTOPF et les tenir au chaud.
Réduire encore un peu la sauce, y ajouter du persil et mélanger. Lier la sauce avec de la fécule délayée dans peu d'eau. Saler et poivrer.

Servir en accompagnement du pain blanc croustillant et de la salade.

Perdrix "Chasseur"

(Espagne)

Cuire en même temps, 2 tomates coupées en dés et 250 g de champignons des bois coupés en quarts. Epicer avec un peu de thym et suffisamment d'ail. Arroser le plat avec un peu de madère. Répartir des croûtons de pain blanc et de fines lanières de lard sur la viande.

Perdrix marinées au sherry

(Espagne)

Laisser mariner pendant 1 jour les perdrix coupées en quarts dans une préparation composée d'1/4 l de sherry sec, 2 cuill. à soupe de vinaigre (de préférence du vinaigre de sherry), 1 cuill. à café d'herbes de Provence déshydratées, 1 feuille de laurier et 2 cuill. à soupe d'huile d'olive. Puis rôtir la viande préalablement tamponnée à sec de tous les côtés dans suffisamment d'huile d'olive. Cuire dans la marinade avec suffisamment de gousses d'ail entières. Servir en accompagnement des rondelles de pommes de terre cuites.

PORC
BOEUF
VEAU
AGNEAU
GIBIER
VOLAILLE
VARIATIONS
POISSON
LEGUMES
GARNITURES
SOUPES
GRATINS

MES RECETTES PERSONNELLES
POUR LA COCOTTE RÖMERTOPF :

PREPARATION :

INGREDIENTS :

PREPARATION :

INGREDIENTS :

PREPARATION :

INGREDIENTS :

DELICIEUSES RECETTES
A BASE DE VOLAILLE

La préparation de délicieux plats à base de volaille est une des spécialités de la cocotte RÖMERTOPF. Essayez et vous verrez que la viande y reste particulièrement juteuse et tendre. Nous avons recueilli une multitude de recettes à base de volaille à travers le monde entier. Pour les canards, les poulardes et les oies il existe une cocotte RÖMERTOPF spéciale adaptée à leur dimension. Si vous adorez la volaille, il serait préférable de vous en procurer une rapidement ou de vous la faire offrir.

Coquelets rôtis

2 coquelets, 2 cuill. à soupe de beurre,
1 cuill. à soupe d'herbes condimentaires
finement hachées (éventuellement surge-
lées), sel, poivre du moulin, 1/2 tasse de
vin blanc, 1/2 tasse de bouillon instantané.
Temps de cuisson : env. 75 à 90 minutes
Valeur nutritive : env. 300 Kcal = 1.256
Kjoules

Laver l'intérieur et l'extérieur des coquelets et les tamponner à sec. Faire fondre le
beurre et le mélanger avec les herbes, le
sel et le poivre. Badigeonner généreusement l'intérieur et l'extérieur des coquelets avec ce mélange. Les poser dans la cocotte RÖMERTOPF trempée. Ajouter le
foie haché. Arroser avec le vin. Fermer la
cocotte RÖMERTOPF. Arroser deux fois
les coquelets avec le bouillon.
Servir en accompagnement du riz, de la salade de pommes de terre, des pommes vapeur farineuses, des légumes et de la salade verte.

Coquelet farci

Farcir un grand coquelet avec le coeur et
le foie, 1 cuill. à café d'oignons hachés, 1
gousse d'ail pressée, une 1/2 tasse de jambon cuit coupé finement, une 1/2 tasse de
vin blanc, du sel, du poivre, du thym, de
la sauge et 1/4 de feuille de laurier émiettée entre les doigts.

Coquelets rôtis
sauce à la crème

Porter à ébullition la sauce terminée avec
de la crème acidulée. Ajouter du persil haché et quelques champignons émincés.
Poivrer généreusement.

Coquelet lardé

Larder le coquelet avec de fines tranches
de lard.

Conseil : Le blanc du coquelet reste particulièrement tendre si on le barde de fines
tranches de lard fumé durant la première

heure de cuisson. Fixer les tranches de
lard avec du fil coton blanc. Faire revenir
le lard à souhait dans la poêle et le servir
en accompagnement.

Fricassée de volaille

1 grand poulet, sel, paprika doux en
poudre, 100 g de lard fumé maigre,
1/2 oignon, 1/4 l de bouillon instantané,
1 cuill. à café de fécule, 200 g de crème
fraîche, 1 cuill. à soupe de jus de citron,
1 cuill. à soupe de persil haché.
Temps de cuisson : env. 1 heure 15
Valeur nutritive : env. 500 Kcal = 2.093
Kjoules

Découper la volaille préalablement lavée
en portions. Saler et épicer chaque morceau au paprika.
Couper le lard en fines tranches et le faire
dorer dans la poêle. Tapisser le fond de la
cocotte RÖMERTOPF avec le lard. Répartir les portions de poulet sur le lard. Saupoudrer d'oignons. Arroser avec 1 tasse de
bouillon. Fermer la cocotte RÖMERTOPF.
Arroser la viande deux fois avec le bouillon. Rallonger la sauce à souhait. Lier la
sauce avec de la fécule délayée avec de la
crème fraîche.
Ajouter le persil et le jus de citron et mélanger. Rectifier l'assaisonnement.

Servir en accompagnement du riz, des
pommes vapeur ou des toasts.

Fricassée de volaille
"bonne femme"

Cuire des champignons et/ou des petits
pois et/ou des bouquets de chou-fleur et
les ajouter à la fricassée.

La poularde suffit pour 4 personnes.

Poularde rôtie

1 poularde, jus de citron, sel, 2 brins de
thym, 2 cuill. à soupe de beurre, 1 petite
boîte de conserve de champignons, 1 cuill.
à soupe de persil haché, 1 tasse de bouil-
lon instantané, du paprika doux en
poudre ou du poivre du moulin, un
peu de fécule.
Temps de cuisson : env. 1 heure 30
Valeur nutritive : env. 350 Kcal = 1.465
Kjoules

Frotter l'intérieur et l'extérieur de la poularde avec du sel et du jus de citron. Poser
la poularde dans la grande cocotte RÖ-
MERTOPF trempée. Mettre le thym dans
l'ouverture du ventre et badigeonner la
viande avec du beurre fondu. Ajouter les
champignons et le persil. Arroser avec le
bouillon. Fermer la cocotte RÖMERTOPF.
A la fin, arroser la poularde encore avec
un peu de jus de viande et laisser dorer encore 10 minutes. Puis saupoudrer de paprika ou de poivre. Lier légèrement la sauce
avec un peu de fécule délayée au préalable. Rallonger à souhait avec du bouillon.
Rectifier l'assaisonnement.
Servir en accompagnement du riz et des légumes tels que les petits pois, des asperges, du brocoli ou du chou-fleur.

La dinde s'est frayée une place dans notre
cuisine grâce à la saveur de ses différents
morceaux de viande et son prix avanta-
geux.

Dans la cocotte RÖMERTOPF elle dé-
ploie toute sa saveur car il évite le des-
sèchement de la viande.

Dinde rôtie

(pour 8 portions)

1 jeune dinde, sel, poivre du moulin,
2 cuill. à soupe de beurre clarifié,
1/2 l de bouillon instantané.
Temps de cuisson : env. 2 heures 30
Valeur nutritive : env. 350 Kcal = 1.465
Kjoules

Laver l'intérieur et l'extérieur de la
dinde et la tamponner à sec. Saler et
poivrer. Tapisser le fond de la grande
cocotte RÖMERTOPF avec des flocons
de beurre et y poser la dinde. Badigeonner la dinde avec un peu de
beurre. Arroser avec 1 tasse de bouillon. Fermer la cocotte RÖMERTOPF.
Arroser la dinde toutes les 30 minutes
avec un peu de bouillon instantané. La
viande n'est pas très grasse. Ne pas la
faire rôtir excessivement. Rallonger la
sauce, la lier légèrement et rectifier l'assaisonnement.

Servir en accompagnement du gratin
de pommes de terre et des salades.

Dinde farcie

Choisir entre les différentes farces
pour coquelets ou oie. Ajouter 30 minutes au temps de cuisson.

Farce classique pour dinde

Couper le coeur et le foie de la dinde
en petits morceaux. Mélanger avec 150
g de hachis de boeuf et épicer. Ajouter
250 g de champignons coupés en petits morceaux.

PORC

BOEUF

VEAU

AGNEAU

GIBIER

VOLAILLE

VARIATIONS

POISSON

LEGUMES

GARNITURES

SOUPES

GRATINS

Oie rôtie

1 oie d'environ 5 à 6 kg, sel, 1 pomme,
1 petit pain, poivre du moulin, 1 cuill. à
café de marjolaine ou d'armoise.
Temps de cuisson : 3 heures
La valeur nutritive dépend de la teneur en
graisse de la viande.

Laver soigneusement l'intérieur et l'extérieur de l'oie, la tamponner à sec et la frotter avec le sel. Nettoyer le coeur et le foie. Peler la pomme et enlever le trognon. Tremper le petit pain. Passer le coeur, le foie et la pomme dans le hachoir et mélanger le tout avec le petit pain pressé. Assaisonner avec le sel, le poivre et la marjolaine ou l'armoise. Remplir l'oie avec cette farce et fermer l'ouverture avec du fil en coton blanc. Poser l'oie, poitrine orientée vers le bas dans la grande cocotte RÖMERTOPF trempée et poser le couvercle.

IMPORTANT : Durant la première heure de cuisson, l'oie ne doit pas dorer, sinon elle dessèche.
Après 2 heures, enlever le couvercle et arroser l'oie toutes les 10 minutes alternativement avec son jus et de l'eau salée. Tourner une fois l'oie de manière à obtenir une peau bien croustillante.
Retirer délicatement les fils. Poser l'oie sur un plat préchauffé et la trancher.

CONSEIL : Aimez-vous la viande qui n'est pas trop grasse ? Alors piquez plusieurs fois les cuisses relativement grasses avec une aiguille à tricoter de manière à ce que la graisse puisse s'échapper durant la cuisson. Par la suite, dégraissez la sauce. Servir en accompagnement des Knödels de pommes de terre avec de la choucroute, du chou rouge ou de la compote de pommes.

Oie farcie à la viande

Illustration page 75

Hacher le coeur et le foie de l'oie et les mélanger avec une farce de viande. Farcir l'oie avec cette préparation.

Augmenter le temps de cuisson d'environ 30 minutes.

Ragoût d'abattis d'oie

abattis d'oie = pattes sans griffes et peau,
estomac sans peau intérieure, tête sans
bec et sans yeux et les ailes d'une oie, sel,
poivre, 1 oignon, 1 bouquet garni, 2 cuill.
à soupe de beurre, 1 cuill. à soupe de
farine, 1 bouquet de persil, 1/2 citron non
traité, de la râpure de noix de muscade,
1/8 l de crème acidulée.
Préparation : 2 heures 30.
Valeur nutritive : environ 300 Kcal = 1.256
Kjoules

Laver soigneusement les abattis d'oie. Saler et poivrer. Poser les abattis dans la cocotte RÖMERTOPF trempée en ajoutant le 1/2 oignon coupé en dés, le bouquet garni coupé en petits morceaux et un 1/2 l d'eau. Fermer la cocotte RÖMERTOPF. Après 90 minutes de cuisson passer le jus de cuisson au tamis et le verser à nouveau dans la cocotte RÖMERTOPF. Désosser la viande, la couper en lanières et l'ajouter au jus de cuisson. Pétrir la farine et le beurre. Lisser ce mélange avec un peu de jus de cuisson et le verser dans la cocotte RÖMERTOPF. Ajouter le reste d'oignon râpé, le persil lavé et haché, le jus de citron et un peu de zeste de citron. Fermer la cocotte RÖMERTOPF et laisser cuire pendant 60 minutes supplémentaires. Assaisonner avec le sel, le poivre et la noix de muscade. Lier avec la crème acidulée.

Servir en accompagnement des pâtes ou knödels à la farine ou aux petits pains.

Abattis d'oie avec légumes

Ajouter au plat terminé des rosettes de chou-fleur, des champignons, des asperges et/ou des petits pois cuits à part.

Abattis d'oie marinés

Laisser mariner les abattis d'oie pendant 3 jours dans la même préparation que pour le boeuf en daube.

Abattis d'oie à la sauce aux légumes épicée

Préparer un 1/2 céleri et 2 fûts de poireaux. Les couper en petits morceaux et les faire cuire avec les abattis.

Canard

Valeur nutritive par portion de rôti de canard env. 900 Kcal = 3.770 Kjoules

Préparer comme l'oie rôtie. Un temps de cuisson de l'ordre de 90 à 120 minutes et la cocotte RÖMERTOPF de taille moyenne sont largement suffisants pour le canard. Les recettes internationales proposent des variantes très raffinées.

Canards sauvages

Les canards sauvages ont un goût plus prononcé que les canards et sont de ce fait très appréciés par les connaisseurs. Etant donné qu'ils ont une viande relativement maigre, tout comme la majeure partie du gibier, il serait préférable de recouvrir le rôti de fines tranches de lard. Deux canards suffisent pour 4 personnes.

Pigeons

Prendre de préférence de jeunes pigeons. En utilisant des pigeons plus âgés, les précuire une heure.

Pigeons rôtis et farcis

4 pigeons, 2 petits pains, 2 cuill. à soupe de persil, 3 cuill. à soupe de beurre, 4 oeufs, sel, poivre du moulin, de la râpure de noix de muscade, 1 1/2 tasse de bouillon instantané.
Temps de cuisson : environ 1 heure
Valeur nutritive par personne : env. 300 Kcal = 1.256 Kjoules

Saler légèrement l'intérieur et l'extérieur des pigeons. Tremper les petits pains, les essorer et les mélanger aux coeurs et aux foies de pigeons préalablement hachés et au persil haché. Faire revenir brièvement dans une cuill. à soupe de beurre. Mélanger avec les oeufs. Assaisonner avec le sel, le poivre et la noix de muscade. Remplir les pigeons de cette farce et fermer l'ouverture avec du fil coton. Transvaser le reste de la farce dans la cocotte RÖMERTOPF et poser les pigeons sur ce lit de farce. Arroser avec 1 tasse de bouillon et saupoudrer de flocons de beurre. Fermer la cocotte RÖMERTOPF. Arroser plusieurs fois les pigeons durant la cuisson avec leur propre jus ou du bouillon.
Servir en accompagnement des pommes vapeur et une assiette de crudités.

Poulet au paprika

(Hongrie)

200 g d'oignons, 2 cuill. à soupe de saindoux, 1 grand poulet, sel, poivre du moulin, du paprika doux en poudre, 1 gousse d'ail, 2 cuill. à café de farine, 1/8 de bouillon instantané fort, 150 g de crème acidulée, 150 g de crème fraîche.
Temps de cuisson : 1 heure
Valeur nutritive : env. 500 kcal = 2.092 Kjoules

Peler les oignons, les couper en rondelles plus ou moins épaisses, les faire dorer dans une poêle et du saindoux et les transvaser dans la cocotte RÖMERTOPF.

PORC

BOEUF

VEAU

AGNEAU

GIBIER

VOLAILLE

VARIATIONS

POISSON

LEGUMES

GARNITURES

SOUPES

GRATINS

Couper le poulet en quatre, le frotter avec le sel, le poivre, le paprika et l'ail pressé. Poser le poulet sur les oignons et le saupoudrer de farine. Fermer la cocotte RÖMERTOPF. Durant la cuisson, arroser le poulet avec du bouillon chaud. Mélanger la sauce avec de la crème. Réchauffer encore une fois. Assaisonner avec du sel et beaucoup de paprika.

Servir en accompagnement du riz ou des pâtes.

Coquelets rôtis gratinés au fromage (Hollande)

Recouvrir les coquelets rôtis avec un mélange composé de 2 cuill. à soupe de chapelure et 2 cuill. à soupe de fromage râpé, 1 cuill. à soupe de beurre, 1 cuill. à soupe de jus de citron et du curry en poudre. Mettre au four pendant 10 minutes.

Coquelets rôtis et farcis aux champignons

(Bohême)

Egoutter les champignons des bois étuvés (éventuellement en conserve), les émincer et les faire étuver avec un 1/2 oignon coupé en petits dés, une 1/2 gousse d'ail pressée et 1 cuill. à soupe de persil haché dans 1 cuill. à soupe de beurre. Saler et poivrer. Remplir les coquelets avec cette farce.

La fricassée de poulet préparé selon la recette de base de la page 76 devient une véritable spécialités si vous le préparez comme suit :

Fricassée dominicale

(Suisse)

Ajouter durant les 10 dernières minutes de cuisson 200 g de langue de boeuf salée coupée en lanières et 300 g d'asperges cuites et coupées en tronçons.

Fricassée de volaille "Copenhague"

(Danemark)

Ajouter 100 g de fromage double crème à la sauce. Rectifier l'assaisonnement avec un peu d'aquavit, beaucoup de poivre et de la confiture acidulée.

Fricassée de volaille

(Pologne)

Assaisonner le jus de cuisson avec la saumure de cornichons et des filets d'anchois. Rectifier l'assaisonnement de la sauce avec des grains de poivre en saumure écrasés, de petits dés d'un cornichon et du jus de citron.
La dinde se prépare suivant la recette de base figurant à la page 77.
Ci-dessous encore quelques variantes de recette :

Dinde aux airelles

(Angleterre)

Rectifier la sauce avec beaucoup (jusqu'à 500 g) de compote d'airelles, du vin doux tel que du Madère ou du Porto.

Dinde avec sauce aux légumes

(Belgique)

400 g de choux de Bruxelles, 250 g de champignons, 400 g de tomates pelées en conserve, 1 oignon, 1 gousse d'ail, sel, poivre du moulin, du paprika en poudre, des épices pour potages,

1 jeune dinde, 60 g de lard fumé gras,
1 sachet de préparation pour sauce.
Temps de cuisson : env. 2 heures 30
Valeur nutritive : env. 500 Kcal = 2.092
Kjoules

Mettre le chou de Bruxelles, les champignons et les tomates dans la cocotte RÖMERTOPF trempée. Peler l'oignon et la gousse d'ail, les hacher et les parsemer avec les épices sur les légumes. Saler et poivrer l'intérieur et l'extérieur de la dinde et la poser sur ce lit de légumes. Recouvrir avec de fines tranches de lard. Fermer la cocotte RÖMERTOPF. A la fin mettre la dinde au chaud et mélanger les légumes avec la préparation pour sauce. Servir en accompagnement des knödels de pommes de terre.

Avant de préparer nos spécialités, lisez attentivement la recette de base du rôti d'oie se trouvant à la page 78.

Oie farcie aux pommes

(Nord de l'Allemagne)

Enlever le trognon de 1 kilo de pommes acidulées, les couper en petits morceaux et les mélanger avec 200 g de raisins secs. Farcir l'oie avec cette préparation.

Oie farcie au riz

(Suisse)

Mélanger le coeur et le foie de l'oie ainsi que 200 g de foie de boeuf préalablement coupé en petits morceaux avec 200 g de riz cuit, un oignon râpé et 2 oeufs. Saler, puis frotter l'intérieur de l'oie avec une gousse d'ail. Puis farcir l'oie avec cette préparation.

Oie au pain d'épices

(Nord de l'Allemagne)

Peler une pomme acidulée. Enlever le trognon et la couper en tranches. Farcir avec une 1/2 tasse de pain d'épices ou de miettes de pain noir et 2 cuill. à soupe de raisins secs. Mouiller avec du bouillon et un peu d'eau-de-vie de grains.

Epicer avec le sel, le poivre et un soupçon de cannelle en poudre. Rectifier l'assaisonnement avec un 1/2 oignon râpé. Farcir l'oie avec cette préparation.

Abattis d'oie

(Scandinavie)

Préparer les abattis suivant la recette de base de la page 78, mais laisser tremper les fruits secs et les cuire avec la volaille.

Cou d'oie farci

(Suisse)

1 cou d'oie, 175 g de marrons cuits
(éventuellement en conserve), 1 petit
pain, 250 g de viande hachée en mélange, 50 g de lard fumé maigre, 1 foie
d'oie, 2 carottes, 1 oignon, sel, curry en
poudre, marjolaine, 1 cuill. à soupe de
persil haché, 1 oeuf, 1 cuill. à soupe de
beurre, 1 cuill. à soupe de graisse d'oie.
Temps de cuisson : 1 heure
Valeur nutritive : env. 500 Kcal = 2.093
Kjoules

Laver le cou d'oie. Retirer délicatement la peau des os et du cartilage. Fermer le cou à une extrémité. Mélanger au mixer ou passer au hachoir le petit pain trempé et essoré avec la viande hachée, le lard fumé coupé en morceaux, le foie d'oie, les carottes coupées et l'oignon. Epicer avec le sel, le curry, la marjolaine et le persil et malaxer avec l'oeuf. Faire revenir brièvement cette farce dans la poêle. Puis remplir le cou d'oie avec cette farce. Fermer l'autre extrémité du cou. Poser l'oie dans la cocotte RÖMERTOPF et poser les marrons tout autour. Répartir la graisse d'oie sur l'oie. Fermer la cocotte RÖMERTOPF. Servir en accompagnement du cou d'oie chaud des légumes ou de la purée de pommes de terre et des toasts avec du cou d'oie froid coupé en tranches.

PORC

BOEUF

VEAU

AGNEAU

GIBIER

VOLAILLE

VARIATIONS

POISSON

LEGUMES

GARNITURES

SOUPES

GRATINS

Potée d'oie strasbourgeoise

1.000 g de morceaux d'oie, 2 cuill. à soupe de graisse d'oie, 1 boîte de choucroute au vin, 2 cuill. à soupe de gelée de coings, 1 verre de Calvados, 1 tasse de jus de pomme, du cidre ou du vin blanc, 1 oignon, 4 clous de girofle, 1 feuille de laurier, 1 gousse d'ail, sel, poivre, 1 cuill. à soupe de miel.

Temps de cuisson : 2 heures 30 à 3 heures

Valeur nutritive : env. 800 Kcal = 3.350 Kjoules

Laver les morceaux d'oie, les tamponner à sec et les faire revenir de tous les côtés dans la poêle et la graisse d'oie. Emietter la choucroute et la mettre dans la cocotte RÖMERTOPF trempée. Arroser avec de la gelée de coings et du Calvados mélangés avec du cidre. Peler l'oignon, le couper en deux, le piquer de clous de girofle, de quarts de feuille de laurier et d'ail et l'ajouter dans la cocotte RÖMERTOPF. Saler et poivrer. Ajouter le miel. Poser la viande dessus. Tremper le couvercle de la cocotte et fermer la RÖMERTOPF. Après la cuisson, ôter délicatement les moitiés d'oignons piqués avec les épices. Mettre la viande sur un plat préchauffé. Entretemps, émietter la choucroute avec une fourchette et rectifier l'assaisonnement. En Alsace on sert en accompagnement des pommes de terre au cumin ou en robe des champs.

Canard sur lit de choucroute

(Alsace)

1 canard, 750 g de choucroute, 250 g de fruits (éventuellement cocktails de fruits ou salade de fruits chinoise en conserve), 1 poivron frais ou mariné, 1 cuill. à café d'épices pour potages, sel, poivre du moulin, 1/4 l de bouillon, 2 cuill. à café de fécule.

Temps de cuisson : env. 2 heures

Valeur nutritive : env. 950 Kcal = 3.990 Kjoules

Laver l'intérieur et l'extérieur du canard et le couper en portions. Mélanger la choucroute avec les fruits et le poivron coupé en petits morceaux. Transvaser le tout dans la cocotte RÖMERTOPF et saupoudrer de préparation pour potages. Poser les morceaux de canard sur la choucroute. Saler et poivrer. Arroser avec 1 tasse d'eau. Fermer la cocotte RÖMERTOPF. A la fin du temps de cuisson, retirer les morceaux de viande de la cocotte, les mettre au chaud ou les faire dorer.
Lier la choucroute avec la fécule délayée avec du bouillon. Rectifier l'assaisonnement et servir avec le canard.

Servir en accompagnement des knödels de pommes de terre.

Potée aux pigeons

(Bohême)

50 g de lard fumé gras, 4 pigeons,
1 oignon, 1 cuill. à soupe de persil haché,
un peu de thym, un peu de zeste d'un
citron non traité, le jus d'un 1/2 citron,
sel, poivre du moulin, 2 tasses de bouillon,
2 cuill. à café de fécule.
Temps de cuisson : 1 heure
Valeur nutritive : env. 250 Kcal = 1.046
Kjoules

Tapisser la cocotte RÖMERTOPF trempée
avec des tranches de lard. Découper les pigeons lavés et les répartir sur le lard. Râper
finement l'oignon pelé et le mélanger avec
des fines herbes, du jus et du zeste de citron, du sel, du poivre et 1 tasse de bouillon. Arroser avec cette préparation.
Fermer la cocotte RÖMERTOPF.
Rectifier encore une fois l'assaisonnement
de la sauce avant de la servir et la lier légèrement avec la fécule délayée dans le reste
du bouillon. Affiner la potée de pigeons
en ajoutant 1 tasse de vin blanc et lier avec
des flocons de beurre.

Pigeons rôtis aux épices

(Scandinavie)

Laisser mariner les pigeons durant une
nuit dans un mélange d'eau, de vinaigre
de vin, de baies de genièvre, de feuille de
laurier broyées et d'oignons hachés. Rôtir
les pigeons lardés.

La volaille est très appréciée dans les régions méditerranéennes où on la
consomme fréquemment.
Ces bêtes élevées en pleine nature à la
viande très délicate sont partout en vente.
Même dans notre région on les propose et
on les conseille de plus en plus. La majeure partie du temps, le poulet est cuit
sur des légumes ou du riz et déjà découpé
en portions. Etant donné que dans les régions du Sud on ne s'attend pas à de
grandes portions de viande, que les pou-
lets sont nettement plus grands que chez

nous, un tel poulet d'env. 1.200 g suffit
pour 4 personnes.
Ci-dessous une sélection des meilleures recettes de volaille d'inspiration
sudiste. Vous trouverez des recettes
supplémentaires dans la rubrique
gibier (à plumes).

Poule farcie

(Espagne)

1 poule, sel, poivre du moulin, un peu
de romarin en poudre, 2 cuill. à soupe
d'huile, foie de volaille, coeur et estomac, 2 oeufs, 1 cuill. à café d'herbes
de Provence déshydratées, 50 g
d'amandes hachées, 50 g de pain
blanc, 1 tasse de bouillon instantané,
4 cuill. à soupe de sherry sec.
Temps de cuisson : env. 1 heure 30
Valeur nutritive : env. 400 Kcal = 1.674
Kjoules

Badigeonner la poule préalablement lavée avec un mélange d'huile, de sel, de
poivre et de romarin. Couper les abats
en petits morceaux, les mélanger avec
les oeufs, les herbes, les amandes, le
pain blanc coupé en dés. Saler et poivrer. Remplir la poule avec cette farce
et fermer l'ouverture. Poser la poule
dans la cocotte RÖMERTOPF trempée
et l'arroser avec une 1/2 tasse de bouillon. Poser le couvercle. Après 1 heure,
ajouter le reste de liquide chaud. Dorer
la poule à découvert tout en la retournant une fois.

Servir en accompagnement du riz ou
du pain.

PORC
BOEUF
VEAU
AGNEAU
GIBIER
VOLAILLE
VARIATIONS
POISSON
LEGUMES
GARNITURES
SOUPES
GRATINS

Poule farcie "Gourmet"

(France)

Farcir la poule avec un mélange de raisins préalablement coupés en deux et épépinés et des champignons. Arroser avec du vin blanc.

Poule farcie

(Grèce)

Couper le coeur et le foie en petits morceaux, les faire revenir avec des dés d'oignons dans une poêle et de l'huile. Ajouter 4 cuill. à soupe de riz et laisser mijoter tout en remuant. Arroser avec 1 tasse de bouillon et laisser mijoter pendant 5 minutes à petit feu. Mélanger avec 1 cuill. à soupe de raisins secs et 1 cuill. à soupe de pignons ou d'amandes. Frotter l'intérieur et l'extérieur de la poule avec du sel, du poivre et de l'ail pressé. Puis remplir la poule avec la farce préparée. Cuire la poule suivant recette de base.

Les poules peuvent naturellement être cuites sur la plaque du four. Dans la cocotte RÖMERTOPF vous n'avez pas besoin de surveiller la cuisson. La chaleur tempérée permet d'obtenir une viande particulièrement tendre. Le peu de liquide utilisé permet d'obtenir un bouillon très savoureux. Le temps de cuisson dépend de l'âge de la poule.
Les jeunes poules ne nécessitent qu'une heure. Pour les poules au pot il faut compter 2 heures.

Poule-au-pot

(Italie)

Poser la poule coupée en quart dans un 1/4 de l de bouillon et 1/4 de l de vin blanc dans la cocotte RÖMERTOPF. Cuire le bouillon avec 1 branche de céleri coupée en petits morceaux, 3 gousses d'ail, 1 clou de girofle, une 1/2 feuille de laurier, 3 grains de poivre, beaucoup de persil haché et un peu de thym.
Servir chaud avec une sauce verte et de la mayonnaise à l'ail.

Poule-au-pot à la sauce aux noix

(Turquie)

Préparer la poule d'après la recette précédente, mais sans vin uniquement avec le bouillon. Tremper 150 g de pain blanc dans 3 tasses de bouillon chaud. Râper finement 125 g de cerneaux de noix et les mélanger avec 3 cuill. à soupe d'huile de noix. Epicer avec beaucoup de persil et d'ail hachés, de sel et de poivre. Mélanger le tout et servir en accompagnement de la viande réservée au chaud.

Poule-au-pot aux olives

(Nord de l'Afrique)

Faire dorer les différents morceaux de poule dans une poêle et de l'huile. A la moitié du temps de cuisson, ajouter un peu de zeste d'une orange non traitée, du jus d'orange, 1 bouquet garni préalablement préparé et un peu de gingembre en poudre. Poivrer généreusement. Ajouter 100 g d'olives dénoyautées et coupées en quarts et 4 cuill. à soupe de persil haché. Faire réduire la sauce à découvert pendant 15 minutes.

Poulet rôti sur lit de riz et de légumes

(Croatie)

1 grand poulet, sel, poivre du moulin,	
un peu de noix de muscade râpée, 1 cuill.	
à soupe d'huile, 1 grand oignon,	
2 carottes, 2 tomates, 1/2 feuille de laurier,	
2 1/2 tasses de bouillon instantané,	
1 tasse de riz.	
Temps de cuisson : env. 75 minutes	
Valeur nutritive : env. 350 Kcal = 1.465 Kjoules	

Couper le poulet en quatre, le laver et le tamponner à sec. Mélanger les épices avec l'huile. Frotter la viande avec cette préparation. Couper l'oignon, les carottes et les tomates en petits morceaux et les ajouter avec la feuille de laurier dans la cocotte RÖMERTOPF. Poser la volaille par-dessus. Arroser avec 1 tasse de bouillon et fermer la cocotte RÖMERTOPF.

Après 45 minutes incorporer le riz préalablement rincé à l'eau froide et le reste du bouillon aux légumes. Y poser à nouveau les morceaux de poulet et terminer la cuisson.

Poule aux légumes

(Turquie)

Mettre 150 g de carottes, d'haricots verts, de courgettes et de rosettes de chou-fleur préparés dans la cocotte RÖMERTOPF. Saupoudrer de dés d'oignons rouges et de dés d'ail.
Assaisonner avec du sel, du paprika en poudre et un soupçon de cannelle. Arroser avec du bouillon. Poser les morceaux de poule sur ce lit de légumes.
Servir en accompagnement du pain.

Poule aux légumes

(Liban)

Cuire les morceaux de poule sur un lit de pommes de terre, de carottes, de poivrons et de tomates à parts égales.
Arroser avec de l'huile d'olive. Epicer avec du sel, du paprika en poudre, de l'origan et de la menthe.

Poule aux poivrons

(Grèce)

Cuire les morceaux de poule sur un lit de poivrons préparés au préalable et de rondelles d'olives. Affiner avec du jus de citron, du persil et des amandes hachées. Epicer avec du sel, du poivre et de l'ail.

Poule au fromage de brebis

(Turquie)

Durant les 10 dernières minutes de cuisson, recouvrir la viande avec des tranches de fromage de brebis et faire dorer à découvert.

Poule au vin blanc et à l'estragon

(France)

1 poule, sel, poivre du moulin,
2 gousses d'ail, 4 cuill. à soupe d'huile
d'olives, 2 tomates, 2 cuill. à soupe
d'estragon frais ou 2 cuill. à café
d'estragon déshydraté, 1/4 l de vin
blanc, 100 g de crème acidulée, 1 cuill.
à café de pastis.
Temps de cuisson : 1 heure
Valeur nutritive : env. 400 Kcal = 1.674
Kjoules

Couper la poule en quatre. Laver les différentes portions. Frotter avec du sel et du poivre. Pressé l'ail, l'ajouter à l'huile et badigeonner la viande avec ce mélange. Peler les tomates, les couper en quarts et les poser dans la cocotte RÖMERTOPF trempée. Ajouter les morceaux de poule. Saupoudrer d'estragon et arroser de vin. Fermer la cocotte RÖMERTOPF. Après 30 et 40 minutes arroser la viande avec un peu de jus de cuisson. Ajouter à souhait un peu de vin réchauffé. Ajouter en dernier la crème acidulée et épicer avec le sel, le poivre et le pastis.
En France on sert en accompagnement du gratin de pommes de terre ou du pain blanc.

PORC
BOEUF
VEAU
AGNEAU
GIBIER
VOLAILLE
VARIATIONS
POISSON
LEGUMES
GARNITURES
SOUPES
GRATINS

Coquelets au vin rouge

(France)

2 coquelets, sel, poivre du moulin, jus de
citron, 50 g de lard fumé maigre, 125 g de
crème acidulée, 125 g de vin rouge (Bour-
gogne), 1 oignon, 1 feuille de laurier,
1 bouquet de persil, un peu de thym,
d'estragon et de noix de muscade, 250 g
de champignons, 2 cuill. à soupe de
cognac.
Temps de cuisson : env. 1 heure 30
Valeur nutritive : env. 500 Kcal = 2.093
Kjoules

Laver les coquelets. Saler, poivrer et arroser de jus de citron. Poser les coquelets
dans la cocotte RÖMERTOPF trempée et
les recouvrir de fines tranches de lard. Mélanger la crème acidulée avec le vin et l'oignon préalablement pelé et haché. Saler et
poivrer et ajouter ce mélange avec toutes
les fines herbes et les champignons dans la
cocotte RÖMERTOPF. Fermer la cocotte
RÖMERTOPF. Durant les 10 dernières minutes ôter les tranches de lard et dorer à
découvert au four. Rectifier l'assaisonnement avec le sel, le poivre et le cognac.
Servir en accompagnement des croquettes
de pommes de terre.

Poule au citron

(Grèce)

Saler et poivrer généreusement les quarts
de poule, les badigeonner d'huile et les poser dans la cocotte RÖMERTOPF trempée.
Couper en petits morceaux 1 oignon et 1
carotte et les ajouter avec 5 gousses d'ail
coupées en deux, un 1/8 l de vin blanc et
le jus d'1 citron dans la cocotte RÖMER-
TOPF. Fermer la cocotte RÖMERTOPF.
Après 1 heure épicer avec beaucoup de
persil et servir aussi tôt.

Poule aux figues (Syrie)

Dresser les portions de poule préalablement préparées sur 1.000 g de figues coupées en tranches. Saupoudrer avec 2 tomates coupées en dés, 1 oignon haché et
50 g de pignons. Epicer avec du sel, du
poivre et un peu de coriandre.
Arroser avec le bouillon.

Poule aux amandes (Turquie)

Poser 50 g de pain blanc coupé en petits
morceaux dans la cocotte RÖMERTOPF
trempée et saupoudrer de 50 g d'amandes
hachées. Couper les abats en petits morceaux. Peler 6 gousses d'ail et 2 oignons,
les hacher et les répartir sur les abats. Epicer avec de la coriandre, du sel et du paprika en poudre. Arroser avec 1 tasse de
bouillon, puis mettre au four.

Poule à la sauce au thon

(Italie)

Préparer comme la viande de veau à la
sauce au thon. Recette voir page 52.

Poule aux poivrons

(Espagne)

Cuire en même temps 1 poivron rouge, 1
poivron vert et 100 g de jambon cuit préalablement coupé en petits morceaux. Arroser avec du vin blanc. Rectifier l'assaisonnement de la sauce avec du cognac et de
l'ail pressé.

Poule aux tomates

(Grèce)

Durant les 10 dernières minutes ajouter 4-5 tomates coupées en dés. Saupoudrer la fricassée de basilic, d'ail haché et 1 soupçon de cannelle en poudre. Arroser avec du vin blanc.
Servir en accompagnement des pâtes.

Recette de base dinde farcie de la page 77.

Dinde farcie aux marrons

(France)

Couper en dés 50 g de lard fumé gras, les faire revenir en ajoutant les marrons en conserve. Puis hacher les marrons et les épicer avec 2 cuill. à soupe d'eau-de-vie de fruits.

Dinde farcie "Caballero"

(Espagne)

Mélanger 1 petit pain trempé et essoré avec 200 g de viande tartare. Rectifier l'assaisonnement avec 5 baies de genièvre écrasées, du thym et de la marjolaine. Arroser avec du vin rouge.

Dinde aux champignons

(Espagne)

Ajouter à la recette dinde farcie "Caballero" durant les 30 minutes de cuisson encore des cèpes (laisser tremper les cèpes déshydratés au préalable).

Canard à la niçoise

(France)

1 canard, sel, poivre du moulin, 1 gousse d'ail, 1.000 g de tomates, 300 g d'olives dénoyautées, 1 verre à liqueur de cognac, 1/8 l de vin blanc, un peu de romarin et de thym.

Temps de cuisson : env. 1 heure 30 à 2 heures

Valeur nutritive : env. 1.000 Kcal = 4.186 Kjoules

Laver le canard, le tamponner à sec. Frotter l'intérieur et l'extérieur avec du sel, du poivre et de l'ail pressé.
Peler les tomates et les couper en rondelles. Couper les olives en quarts et mettre le tout dans la cocotte RÖMERTOPF. Arroser avec le vin et le cognac. Saupoudrer de fines herbes. Fermer la cocotte RÖMERTOPF. Durant les 30 dernières minutes de cuisson, ôter le couvercle. Monter la température de 225 à 250 °C.

Servir en accompagnement des pommes de terre au four, du pain blanc ou du riz.

Canard mariné à l'aigre-douce

(Italie)

Mariner le canard préalablement préparé durant 1 journée dans un mélange d'eau vinaigrée, de sel, de 3 oignons hachés, de 3 branches de céleri. Puis couper le canard en quatre et le poser sur le lit de légumes marinés dans la cocotte RÖMERTOPF. Arroser avec 1/4 l de vin.
Cuire en même temps 50 g de raisins secs. Rectifier l'assaisonnement de la sauce avec peu de sel, beaucoup de poivre, 50 g de pignons hachés et 20 g de chocolat amer râpé.

Canard aux griottes

(France)

Piquer dans le canard préparé un brin de thym. Cuire le canard sur un lit d'1 oignon et d'1 carotte hachés, de 100 g de foie de volaille, 500 g de griottes étuvées et 5 cuill. à soupe de sherry.

PORC

BOEUF

VEAU

AGNEAU

GIBIER

VOLAILLE

VARIATIONS

POISSON

LEGUMES

GARNITURES

SOUPES

GRATINS

Canard aux tomates

(Italie)

Mettre 500 g de tomates pelées dans la cocotte RÖMERTOPF. Saupoudrer avec beaucoup de basilic. Saler et poivrer. Couper le canard en quatre. Saupoudrer avec 100 g de jambon cuit maigre coupé en petits morceaux et 4 cuill. à soupe de persil haché. Cuire avec peu de bouillon.

Variations pour la recette d'oie farcie se trouvant à la page 81.

Oie farcie aux marrons

Mélanger 500 g de marrons pelés avec du persil haché. Farcir l'oie.

Oie farcie aux marrons et à l'ananas

Mélanger les marrons avec 150 g d'ananas émietté.

Poule au jambon et à la sauce au rhum

(Caraïbes)

200 g de blancs de poule, 200 g de jambon cuit, 1 cuill. à soupe de persil haché, sel, beaucoup de poivre du moulin, 2 cuill. à café d'huile, 1 mangue, 6 cuill. à soupe de bouillon, 1 cuill. à soupe de raisins secs, 2 tomates, 50 g de noix de coco râpée, 150 g de crème fraîche, 2 cuill. à soupe de rhum.

Temps de cuisson : env. 45 minutes
Valeur nutritive : env. 450 Kcal = 1.883 Kjoules

Couper la viande préparée et le jambon découenné en fines tranches et les mettre dans la cocotte RÖMERTOPF trempée. Saupoudrer de persil. Saler et poivrer. Arroser d'huile. Fermer la cocotte RÖMERTOPF. Après 25 minutes, ajouter la mangue coupée en dés, le bouillon, les raisins secs, les tomates pelées et coupées en quarts ainsi que la noix de coco râpée. Mélanger délicatement. Battre la crème, l'assaisonner avec du rhum, un peu de sel et beaucoup de poivre. Mélanger délicatement.

Servir en accompagnement du riz et du pain blanc.

Coquelet au curry

(Inde)

1 coquelet, 3 cuill. à soupe d'huile, sel, poivre du moulin, un peu de noix de muscade râpée, jus d'1 citron, 1 cuill. à café de curry en poudre, 2 oranges, 1 cuill. à café de gingembre en poudre, un peu de chutney de mangues, 1/4 l de crème acidulée, 1 jaune d'oeuf.

Temps de cuisson : 1 heure
Temps de préparation : au moins 1 heure
Valeur nutritive : env. 400 Kcal = 1.674 Kjoules

Nettoyer le coquelet et le découper. Mélanger l'huile avec le poivre, la muscade, le jus de citron et le curry et verser ce mélange sur le coquelet. Laisser mariner au moins 1 heure. Poser le coquelet dans la cocotte RÖMERTOPF trempée et poser le couvercle. Après 45 minutes répartir les filets d'orange, le gingembre, le chutney de mangues et la crème acidulée légèrement salée et réchauffée sur le coquelet. Lier avec le jaune d'oeuf brouillé.
Servir en accompagnement du riz ou une grande tranche de pain.

Poule au yaourt

(Thaïlande)

1 poule de taille moyenne ou 1 coquelet,
2 bouquets garnis, 1/2 l de yaourt,
2 gousses d'ail, 4 cuill. à soupe de jus de
citron, sel, poivre du moulin, 2 cuill. à
soupe de curry en poudre, 1 jaune d'oeuf,
1 cuill. à soupe de beurre, 1 cuill. à soupe
de farine.
*Temps de cuisson : suivant la poule env. 2
heures*
*Valeur nutritive : env. 400 Kcal = 1.674
Kjoules*

Couper la poule en huit portions, les laver
soigneusement et les mettre dans la cocotte RÖMERTOPF. Couper les bouquets
garnis en petits morceaux. Réserver un
peu de persil. Ajouter le tout à la poule et
arroser avec le yaourt. Epicer avec l'ail
pressé, 2 cuill. à soupe de jus de citron, du
sel, du poivre et 1 cuill. à soupe de curry
en poudre. Fermer la cocotte RÖMER-
TOPF. Sortir la poule cuite du bouillon, enlever la chair des os, rincer brièvement la
viande sous l'eau froide et la couper grossièrement en morceaux. Passer le jus de
cuisson à travers le tamis. Jeter le yaourt
caillé et les légumes qui ont perdu tout
leur arôme. Assaisonner la sauce avec le
reste de jus de citron, le curry et le sel. Malaxer le beurre et la farine. Lier la sauce
avec ce mélange et le jaune d'oeuf. Ajouter
le reste de persil haché.

Servir en accompagnement du riz persillé.

Tortillas de poulet

(Mexicain)

Préparer comme les rouleaux de printemps (recette page 99), mais pour la farce
faire revenir dans une poêle et un peu
d'huile 200 g de poitrine de poulet. Couper la viande en petits morceaux, la mélanger avec de l'oignon et de l'ail hachés et
faire revenir une nouvelle fois. Epicer avec
du chutney de piment, beaucoup de tabasco et du concentré de tomates.

Canard aigre-doux

(Chine)

500 g de magret de canard, 2 cuill.
à soupe d'huile, 1 petite boîte de
conserve d'ananas, 1 petite boîte de
conserve de tomates pelées, 1 cuill. à
soupe de sucre, 2 cuill. à café de vinaigre, 1 cuill. à café de gingembre en
poudre, 1 cuill. à soupe de curry en
poudre, 2 gousses d'ail, 1 oignon, sel,
cuill. à soupe de persil haché, 2 cuill.
à soupe de sauce au soja.
Temps de cuisson : env. 1 heure
*Valeur nutritive : env. 500 Kcal = 2.092
Kjoules*

Enlever la peau du magret de canard.
Couper la viande en fines tranches et
la peau en lanières. Faire dorer la
viande et la peau dans une poêle et de
l'huile. Poser le tout dans la cocotte
RÖMERTOPF trempée. Ajouter les
morceaux d'ananas et les tomates avec
leur jus. Ajouter les épices et mélanger.
Peler l'ail et l'oignon, presser l'ail et
couper l'oignon en fines rondelles. Incorporer délicatement ces ingrédients.
Saler et fermer la cocotte RÖMERTOPF.
A la fin saupoudrer de persil et rectifier l'assaisonnement avec de la sauce
au soja.

Servir en accompagnement du riz.

PORC

BOEUF

VEAU

AGNEAU

GIBIER

VOLAILLE

VARIATIONS

POISSON

LEGUMES

GARNITURES

SOUPES

GRATINS

MES RECETTES PERSONNELLES
POUR LA COCOTTE RÖMERTOPF :

PREPARATION :

INGREDIENTS :

PREPARATION :

INGREDIENTS :

PREPARATION :

INGREDIENTS :

VARIATIONS ORIGINALES AUTOUR DE LA VIANDE HACHÉE

PORC

BOEUF

VEAU

AGNEAU

GIBIER

VOLAILLE

VARIATIONS

POISSON

LEGUMES

GARNITURES

SOUPES

GRATINS

Le hachis et les abats qui sont des viandes bon marché font partie des indispensables de la cuisine traditionnelle et sont préparés selon des recettes très originales. De plus, lorsque les plats sont mijotés avec amour, ils sont d'autant plus savoureux et succulents. Vous pouvez naturellement modifier les recettes à souhait. Les Méditerranéens préparent la majeure partie du temps, la viande hachée sous forme de gratins ou de légumes farcis. Les recettes se ressemblent un peu partout. Dans les pays islamiques, la viande de porc est naturellement remplacée par la viande d'agneau et le vin, fréquemment utilisé dans les pays de l'Ouest, par un bouillon aromatisé au jus de citron ou du yaourt affiné.

Les épices deviennent de plus en plus exotiques dès qu'on se rapproche de l'Est ou du Nord de l'Afrique. Dans ces pays on utilise fréquemment le cumin, le curcuma, le gingembre et la cannelle et on n'hésite pas à rajouter de l'ail. Les raisins secs sont également très appréciés.
Les tomates farcies, les poivrons, les aubergines, les concombres, les oignons et les choux raves sont préparés d'après une recette de base. Les Français et les Italiens arrosent leurs plats avec du bouillon dont la moitié est composé de vin. Dans les régions à l'Est de la Méditerranée on varie avec du yaourt.

Pain de viande au fromage

(Hollande)

1 petit pain, 600 g de viande hachée en
mélange, 2 oeufs, 1 grand oignon,
1 gousse d'ail, sel, poivre du moulin,
un peu de zeste d'un citron non traité,
125 g de gouda, 1 cuill. à soupe de persil
haché, 30 g de lard gras, 1 tasse de bouil-
lon, 1 tomate à chair ferme, 2 cuill. à café
de fécule.
Temps de cuisson : env. 75 minutes
Valeur nutritive : env. 600 Kcal = 2.511
Kjoules

Tremper le petit pain, l'essorer et le mélanger avec la viande hachée, 1 oeuf et un jaune d'oeuf. Peler et hacher l'oignon, presser l'ail et ajouter ces deux ingrédients au hachis. Epicer avec le sel, le poivre et le zeste de citron. Couper le fromage en petits dés et le mélanger avec le persil. Former un rouleau avec cette préparation et le poser dans la cocotte RÖMERTOPF trempée. Badigeonner avec le blanc d'oeuf restant et le recouvrir de fines tranches de lard. Fermer la cocotte RÖMERTOPF. Arroser avec le bouillon chaud et ajouter la tomate pelée et coupée en dés. Durant les 10 dernières minutes de cuisson faire dorer la viande à découvert.

Rectifier l'assaisonnement de la sauce.
Lier la sauce avec de la fécule délayée.

Pain de viande

(Suisse)

Poser au milieu du pain de viande 2 oeufs durs. Epicer la farce avec des anchois hachés. Ne pas ajouter de lard. Saupoudrer le rôti avec des flocons de beurre et de la chapelure.

Pain de viande

(Hongrie)

Utiliser seulement 500 g de viande hachée et ajouter 500 g de poivrons préalablement coupés en lanières. Faire revenir les lanières de poivrons et les oignons dans du saindoux avant de les incorporer au hachis. Epicer le pain de viande avec du paprika doux et du paprika fort en poudre.

Paupiettes de chou

Très appréciées en Europe avec toutes les variations qui s'imposent.

Les feuilles extérieures et le coeur d'un
chou blanc, 375 g de viande hachée
mélange, 1 oeuf, 1 oignon, du sel, du poi-
vre du moulin, de la noix de muscade
râpée, du persil haché, 1/4 l de bouillon
instantané, 2 cuill. à café de fécule, 100 g
de crème acidulée.
Temps de cuisson : env. 70 minutes
Valeur nutritive : env. 400 Kcal = 1.674
Kjoules

Enlever délicatement les feuilles extérieures d'un chou blanc, les laver soigneusement et les ébouillanter. Couper légèrement les grosses nervures des feuilles afin de les enrouler facilement. Passer env. 250 g des parties intérieures du chou blanc au mixer et les mélanger avec la viande hachée. Ajouter 1 oeuf, de l'oignon haché, du sel, du poivre, de la muscade et du persil et mélanger le tout.
Poser à chaque fois 2 feuilles de chou blanc côte à côte en les faisant empiéter l'une sur l'autre. Poser 3 cuill. à soupe de farce au milieu des feuilles, les enrouler et les maintenir avec du fil en coton blanc.

Poser les paupiettes dans la cocotte RÖMERTOPF trempée. Arroser avec le bouillon et fermer la cocotte RÖMERTOPF. Lier la sauce avec la fécule brouillée avec la crème acidulée.

Servir en accompagnement de pommes vapeur.

Paupiettes au chou à la sauce aux tomates

(Autriche)

Verser une petite boîte de conserve de tomates pelées autour des paupiettes à la place de tout autre liquide.

Potée au chou

1 chou blanc, 500 g de viande hachée
mélange, 1 oignon, 1 oeuf, sel, paprika
doux en poudre, 1 cuill. à café de marjo-
laine, 200 g de lard fumé maigre, 1 cuill.
à soupe de beurre.
Temps de cuisson : env. 1 heure 30
Valeur nutritive : env. 800 Kcal = 3.348
Kjoules

Enlever délicatement les grandes feuilles du chou et en tapisser le fond de la cocotte RÖMERTOPF sur 1 cm d'épaisseur. Hacher 500 g du coeur du chou et les mélan-

ger avec le hachis, l'oignon coupé, l'oeuf, le sel, le paprika et la marjolaine. Couper le lard en fines tranches et les ajouter à la masse. Tartiner la farce sur les feuilles de chou et la recouvrir de feuilles de chou supplémentaires. Saupoudrer de flocons de beurre et fermer la cocotte RÖMERTOPF.
Servir en accompagnement des pommes vapeur.

Pommes farcies

Les pommes farcies sont une entrée délicieuse.

Peler des pommes acidulées, enlever le trognon. Couper des restes de rôti en petits morceaux et les mélanger à une pincée de sucre, un peu de sauce au soja, 1 cornichon finement haché, de l'oignon râpé, de la chapelure et 1 jaune d'oeuf. Remplir les pommes avec cette farce et les poser dans la cocotte RÖMERTOPF trempée dans l'eau. Poser les restes de farce en guise de couvercle sur les pommes et saupoudrer de flocons de beurre.
En hors-d'oeuvre servir avec des toasts.

Brochettes épicées

Pour 4 personnes choisir 4 ingrédients différents c'est-à-dire respectivement 200 g de longe de porc qui conviennent toujours, des saucisses, des tranches de foies ou des rognons. Les dés de jambon cuit ou de kassler apportent beaucoup d'arôme et sont très juteux. Les oignons (éventuellement aussi des grelots) ne doivent pas manquer. Des huitièmes de tomates, des morceaux de cornichons et de poivrons et des dés de fruits apportent la fraîcheur. Vous pouvez naturellement remplacer la viande par des dés de poissons ou de fromage.

PORC
BOEUF
VEAU
AGNEAU
GIBIER
VOLAILLE
VARIATIONS
POISSON
LEGUMES
GARNITURES
SOUPES
GRATINS

Temps de cuisson : env. 30 minutes
Valeur nutritive selon les ingrédients

Piquer tous les ingrédients alternativement sur les brochettes et poser celles-ci
côte à côte dans la cocotte RÖMERTOPF.
Fermer la cocotte RÖMERTOPF.
Entre-temps badigeonner les brochettes
avec de l'huile assaisonnée à l'ail.
Servir avec des sauces épicées, du raifort
ou de la moutarde.

Tomates farcies

ou tout autres légume tels que les poivrons,
les concombres, les aubergines, les
oignons et les choux raves sont très
répandus en Europe.

750 g de tomates de même taille, 500 g de
viande de boeuf hachée (peut également
être remplacée complètement ou en partie
par des restes de rôti), 1 oignon, 1 jaune
d'oeuf, sel, poivre du moulin, 1 gousse
d'ail, 200 g de crème acidulée.
Temps de cuisson : env. 1 heure
Valeur nutritive : env. 550 Kcal = 2.300
Kjoules

Laver les tomates, enlever le pédoncule et
la partie cernée. Couper la partie supérieure des tomates et les évider. Mélanger
la chair des tomates avec le hachis, l'oignon haché et le jaune d'oeuf. Epicer avec
le sel, le poivre et l'ail. Remplir les tomates

avec cette farce. Poser les tomates dans la
cocotte RÖMERTOPF trempée et arroser
avec la crème acidulée préalablement salée. Couper les couvercles des tomates en
petits morceaux et les ajouter dans la cocotte, puis fermer la cocotte RÖMERTOPF.
Servir en accompagnement des pommes
vapeur, de la purée de pommes de terre
ou du riz.

Coeur de veau
à la sauce piquante

(Bohême)

1 coeur de veau, sel, poivre du moulin,
50 g de lard gras, 1 oignon, 2 baies de
genièvre, 1 tasse de bouillon, 1 tasse de
vin blanc, un peu de sucre, 1 cuill. à soupe
de beurre.
Temps de cuisson : env. 1 heure 30
Valeur nutritive : env. 300 Kcal = 1.256
Kjoules

Couper le coeur en huit, le laver soigneusement, le tamponner à sec, le frotter avec
le sel et le poivre et le larder. Poser le
coeur dans la cocotte RÖMERTOPF trempée. Ajouter les oignons coupés, les baies
de genièvre et le bouillon. Fermer la cocotte RÖMERTOPF. Rallonger la sauce
avec du vin blanc, un peu de sucre et du
beurre. Lier à souhait avec un peu de farine.
Attention : Si vous utilisez du coeur de
porc ou de boeuf, le temps de cuisson est
rallongé.
Servir en accompagnement de la purée de
pommes de terre ou des pommes vapeur
et de la salade verte.

Foie lardé

(Suisse)

600 g de foie, 50 g de lard fumé maigre,
1 cuill. à soupe de farine, 1 cuill. à soupe
de beurre, 1/4 l de vin rouge, 200 g
d'oignons, 200 g de carottes, 4 tomates,
sel, poivre du moulin.
Temps de cuisson : env. 1 heure 30
Valeur nutritive : env. 400 Kcal = 1.674
Kjoules

Enlever la peau du foie et les veines restantes. Laver le foie et le tamponner à sec. Larder et saupoudrer de farine. Faire revenir des deux côtés dans le beurre. Puis poser le foie dans la cocotte RÖMERTOPF trempée. Arroser avec le vin. Peler les oignons, les carottes et les tomates. Hacher les oignons, couper les carottes en rondelles et les tomates en huit. Puis épépiner les tomates et ajouter le tout dans la cocotte RÖMERTOPF. Saler et poivrer. Fermer la cocotte RÖMERTOPF.
Servir en accompagnement de la purée de pommes de terre ou des pâtes au beurre.

Hachis à la sauce bolognèse

(Italie)

Quiconque pense que cette sauce à la viande est rapidement préparée se trompe énormément. En Italie, le berceau de la sauce bolognèse, les gens qui habitent la campagne la préparaient encore récemment durant la nuit. Cette cuisson nécessitait naturellement une surveillance. La patriarche de la famille veillait toute la nuit sur la sauce bolognèse.
Cela n'est pas absolument nécessaire pour obtenir une délicieuse sauce relevée. Toutefois, vous devriez au moins la laisser mijoter pendant 2 heures. La cocotte RÖMERTOPF est l'ustensile idéal pour ce genre de cuisson. Etonnez et enthousiasmez les membres de votre famille et vos amis avec cette nouvelle sauce bolognèse.

1 bouquet garni, 1/4 de branche de céleri,
1 oignon, 2 gousses d'ail, 50 g de lard
fumé maigre, 2 cuill. à soupe d'huile olive,
250 g de viande de boeuf hachée, 1 cuill. à
soupe de farine, 1/2 cuill. à café d'herbes
de Provence (ou un mélange de fines
herbes fraîches comportant du thym, du
romarin et de la sauge), sel, poivre,
1 grande boîte de conserve de tomates
pelées.
Temps de cuisson : 2 à 3 heures à 180 °C.
Valeur nutritive : env. 350 Kcal = 1.464
Kjoules

Préparer le bouquet garni et le céleri. Peler et hacher l'oignon et l'ail. Couper le lard en petits dés et le faire rissoler dans une poêle et de l'huile. Ajouter tous les légumes et le hachis émietté. Saupoudrer de la farine et transvaser le tout dans la cocotte RÖMERTOPF trempée. Incorporer tous les autres ingrédients et mélanger. Fermer la cocotte RÖMERTOPF. Si nécessaire ajouter un peu de bouillon.

Servir en accompagnement des pâtes, du riz ou de la polenta.

Moussaka

(Grèce)

800 g d'aubergines, sel, 2 oignons,
3 cuill. à soupe d'huile d'olive, 600 g
de hachis d'agneau, 1 petite boîte de
conserve de tomates pelées, 1/8 l de
vin blanc, du poivre du moulin, un
peu de sucre et de cannelle, origan,
2 cuill. à soupe de persil haché, 100 ml
de lait, 2 cuill. à soupe de chapelure,
100 ml de crème fraîche, 50 g de
fromage râpé, 1 cuill. à soupe de
farine, 2 cuill. à soupe de jus de citron,
2 jaunes d'oeufs, 40 g de beurre, de
la noix de muscade râpée.
Temps de cuisson : env. 1 heure
Valeur nutritive : env. 400 Kcal = 1.674
Kjoules

Laver les aubergines, en couper les extrémités et les couper en grosses rondelles. Saler et laisser reposer pendant 10 minutes. Puis rincer sous l'eau froide afin d'ôter le goût amer. Entretemps, peler et hacher les oignons et les faire revenir dans une poêle et de l'huile tout en remuant constamment. Ajouter les tomates et arroser avec le vin. Epicer généreusement avec du poivre, du sel, du sucre, de la cannelle, de l'origan et du persil. Mélanger la chapelure et le fromage. Porter à ébullition le lait et la crème fraîche et épicer avec le jus de citron, le sel et le poivre.

PORC

BOEUF

VEAU

AGNEAU

GIBIER

VOLAILLE

VARIATIONS

POISSON

LEGUMES

GARNITURES

SOUPES

GRATINS

Faire fondre le fromage tout en remuant constamment.
Assaisonner avec de la muscade et lier avec les oeufs brouillés avec de l'eau et de la farine. Badigeonner la cocotte RÖMER-TOPF avec du beurre et poser alternativement une couche de rondelles d'aubergines, de sauce à la viande et de sauce blanche. Saupoudrer de flocons de beurre. Fermer la cocotte RÖMERTOPF.
Servir en accompagnement une galette de pain ou du pain blanc.

Moussaka

(Turquie)

Remplacer la moitié des aubergines par des courgettes. Epicer avec beaucoup d'ail pressé et des feuilles de laurier broyées entre les doigts. Incorporer des raisins secs à la sauce à la viande. Remplacer le vin par du bouillon et 2 cuill. à soupe de jus de citron. Utiliser du yaourt épicé à l'ail et brouillé avec un oeuf à la place de la sauce blanche.

Moussaka au chou frisé

(Croatie)

2 petits choux frisés, 2 oeufs, 4 cuill. à
soupe de farine, 8 cuill. à soupe de lait,
sel, 2 gousses d'ail, 3 cuill. à soupe de
saindoux, 250 g de viande hachée mé-
lange, 2 oignons, poivre du moulin,
200 g de crème acidulée.
Temps de cuisson : env. 45 minutes
Valeur nutritive : env. 550 Kcal = 2.300
Kjoules

Nettoyer le chou frisé, le couper en quatre, le laver soigneusement et le laisser égoutter. Préparer une pâte à crêpes avec les oeufs, la farine, le lait, le sel et l'ail pressé. Rouler les quarts de chou dans cette pâte, les faire revenir dans une poêle et de l'huile en les dorant de tous les côtés et les poser dans la cocotte RÖMERTOPF trempée. Mélanger le hachis avec les oignons pelés et finement hachés, le sel, le poivre et la crème acidulée. Arroser le chou avec cette préparation.

Potée d'agneau aux aubergines (Nord de l'Afrique)

1 tasse de riz, 2 tasses de bouillon
instantané, 2 cuill. à soupe de jus de
citron, 600 g d'aubergines, sel, 5 cuill. à
soupe d'huile, 3 oignons, 3 gousses d'ail,
600 g de hachis d'agneau, poivre du
moulin, un peu de menthe, de curcuma
et de cannelle.
Temps de cuisson : env. 1 heure
Valeur nutritive : env. 650 Kcal = 2.720
Kjoules

Mettre le riz avec le bouillon et le jus de citron dans la cocotte RÖMERTOPF trempée. Fermer la cocotte RÖMERTOPF. Préparer les aubergines comme indiqué à la recette de la moussaka. Tamponner à sec, puis les faire revenir des deux côtés dans l'huile. Après env. 10 minutes les ajouter au riz. Faire revenir dans la même poêle et la même graisse les oignons et l'ail pelés et hachés, les incorporer au hachis. Assaisonner cette masse avec du sel, du poivre, un peu de menthe, de curcuma et de cannelle. Après 10 minutes supplémentaires répartir cette masse sur les aubergines. 10 minutes avant la fin de la cuisson ôter le couvercle.

Hachis au yaourt

(Est de la Méditerranée)

600 g de hachis de boeuf ou d'agneau, sel,
poivre du moulin, 2 oignons, 4 cuill. à
soupe d'huile, 2 cuill. à soupe de persil
haché, 2 tomates, 2 gousses d'ail,
2 pommes de terre, 2 oeufs, 200 g de
yaourt entier, un peu de cumin.
Temps de cuisson : env. 45 minutes
Valeur nutritive : 600 Kcal = 2.511 Kjoules

Mélanger le hachis avec du sel, du poivre
et des oignons hachés, le faire revenir
dans la poêle et de l'huile et le poser dans
la cocotte RÖMERTOPF trempée. Saupoudrer de persil, de dés de tomates et d'ail
pressé. Peler les pommes de terre, les râper grossièrement et les incorporer à la
viande. Brouiller les ingrédients restants.
Saler et poivrer. Arroser la viande avec ce
mélange. Fermer la cocotte RÖMERTOPF.

Servir en accompagnement une galette de
pain.

Boulettes de viande
à la sauce tomate

(Est de la Méditerranée)

600 g de hachis d'agneau, du paprika en
poudre, sel, poivre, muscade, à chaque
fois 1 pincée de cardamome et de cannelle,
1 cuill. à café de zeste d'un citron non trai-
té, 1 jaune d'oeuf, 2 cuill. à soupe de rai-
sins secs, 4 cuill. à soupe d'amandes mou-
lues, 2 oignons, 2 gousses d'ail, 2 cuill. à
soupe d'huile, 2 cuill. à soupe de farine,
1 grande boîte de conserve de tomates
pelées.
Temps de cuisson : env. 45 minutes
Valeur nutritive : env. 600 Kcal = 2.511
Kjoules

Mélanger la viande hachée avec les épices,
le zeste de citron, le jaune d'oeuf, les raisins secs et 2 cuill. à soupe d'amandes afin
d'obtenir une masse consistante et relevée.
Peler et hacher les oignons et l'ail, les faire
rissoler dans une poêle et de l'huile. Saupoudrer de farine. Ajouter les tomates et

porter brièvement à ébullition tout en
remuant. Poser dans la cocotte RÖMER-
TOPF trempée. Former des boulettes
consistantes avec le hachis, les rouler
dans les amandes et les poser dans la
sauce. Fermer la cocotte RÖMERTOPF.
Servir en accompagnement du riz ou
du couscous.

Gratin de pâtes "Pastitsio"

(Grèce)

250 g de pâtes, sel, 2 oignons,
2 gousses d'ail, 2 grandes tomates,
2 cuill. à soupe d'huile d'olive, 2 cuill.
à soupe de farine, 400 g de hachis de
boeuf et d'agneau, 1/8 l de lait, 1/8 l
de vin blanc, de la noix de muscade
râpée, du paprika doux en poudre, un
peu de cannelle, 30 g de beurre, 100 g
de fromage de brebis.
Temps de cuisson : env. 45 minutes
Valeur nutritive : env. 750 Kcal = 3.138
Kjoules

Cuire les pâtes al dente. Entre-temps,
préparer tous les légumes et les faire
revenir dans une poêle et de l'huile.
Ajouter le hachis et le faire brunir tout
en remuant constamment. Saupoudrer
de farine. Arroser avec le lait et le vin.
Assaisonner avec le sel, la muscade,
un peu de paprika et de cannelle.
Beurrer la cocotte RÖMERTOPF trempée. Poser alternativement une couche
de pâtes égouttées et de sauce à la
viande. Recouvrir avec des morceaux
de fromage de brebis et de flocons de
beurre. Fermer la cocotte RÖMERTOPF.
Servir en accompagnement des
salades.

Potée au chou blanc

(Turquie)

600 g de chou blanc, 3 oignons,
3 gousses d'ail, 3 cuill. à soupe d'huile,
400 g de hachis d'agneau ou de boeuf,
sel, poivre du moulin, beaucoup de
paprika en poudre, 1 petite boîte de
conserve de concentré de tomates,
1/4 l de bouillon,

PORC

BOEUF

VEAU

AGNEAU

GIBIER

VOLAILLE

VARIATIONS

POISSON

LEGUMES

GARNITURES

SOUPES

GRATINS

100 g de fromage de brebis, 3 oeufs,
2 cuill. à soupe de persil haché.

Temps de cuisson : env. 1 heure

Valeur nutritive : env. 450 Kcal = 1.883
Kjoules

Laver le chou blanc et le laisser égoutter.
Peler et hacher les oignons et l'ail et les
faire revenir dans une poêle et de l'huile.
Ajouter le hachis et le faire brunir tout en
l'émiettant avec deux fourchettes. Ajouter
le chou blanc et le faire cuire brièvement.
Saupoudrer avec les épices et arroser avec
le bouillon mélangé au concentré de tomates. Alterner le hachis et le chou blanc
dans la cocotte RÖMERTOPF trempée.
Emietter le fromage de brebis, le mélanger
avec les oeufs, 4 cuill. à soupe d'eau, le
poivre et le persil. Arroser la viande et le
chou blanc avec ce mélange. Fermer la cocotte RÖMERTOPF.
Servir en accompagnement du riz ou une
galette de pain.

Potée aux haricots et aux oignons

(Serbie)

200 g de haricots blancs secs, 500 g
d'oignons, 4 gousses d'ail, 3 cuill. à soupe
d'huile d'olive, 1/2 feuille de laurier,
1 poivron, 400 g de hachis de boeuf ou
d'agneau, sel, suffisamment de paprika en
poudre, 1 cuill. à soupe de persil haché.

Temps de cuisson : env. 2 heures à 180 °C

Valeur nutritive : env. 550 Kcal = 2.300
Kjoules

Tremper les haricots blancs pendant 12
heures et les mettre avec l'eau de trempage dans la cocotte RÖMERTOPF trempée. Peler les oignons, les couper en
grosses rondelles et les faire revenir brièvement avec l'ail pressé dans une poêle et de
l'huile. Puis les ajouter aux haricots. Casser la feuille de laurier et l'ajouter également. Couper le poivron préparé au préalable en petits morceaux et le mélanger au
hachis. Saler et épicer généreusement avec
le paprika. Incorporer le persil. Répartir
sur les oignons. Fermer la cocotte
RÖMERTOPF.

Hachis épicé

(Pakistan)

500 g de hachis de boeuf, 2 cuill. à soupe
d'huile, 1 oignon, env. 10 oignons grelots,
1 botte de poireaux primeur, 1 botte de
poireaux, 2 gousses d'ail, 1 pincée de
safran, 2 cuill. à soupe de sauce au soja, à
chaque fois 1 petite pincée de cannelle et
de clou de girofle en poudre, 200 g de
yaourt entier.

Temps de cuisson : env. 1 heure 30

Valeur nutritive : env. 300 Kcal = 1.255
Kjoules

Faire revenir le hachis dans de l'huile avec
les oignons hachés, les oignons grelots, les
gousses d'ail et les rondelles de poireau.
Puis transvaser le tout dans la cocotte RÖ-
MERTOPF trempée. Saupoudrer avec les
épices. Arroser avec 1 tasse d'eau et le
yaourt. Fermer la cocotte RÖMERTOPF.
Assaisonner fortement ou ajouter des piments dans la cocotte RÖMERTOPF.

Servir en accompagnement et une galette
tartinée.

Roulade de hachis

(Indonésie)

100 g de jambon cru finement haché,
2 oeufs, 400 g de viande de porc haché,
2 cuill. à soupe de raisins secs, sel, poivre
du moulin, 2 cuill. à soupe de concentré
de tomates, 2 cuill. à soupe de ketchup,
100 g de saucisse épicée, 1/4 l de bouillon.
Temps de cuisson : env. 1 heure
Valeur nutritive : env. 750 Kcal = 3.138
Kjoules

Préparer un oeuf dur. Mélanger le jambon, le hachis, les raisins secs, le sel, le poivre, le concentré de tomates, le ketchup et le deuxième oeuf afin d'obtenir une masse relevée. Aplatir cette masse et poser au milieu les saucisses et l'oeuf écalé. Former la masse de viande et la poser dans la cocotte RÖMERTOPF trempée. Arroser avec le bouillon et fermer la cocotte RÖMERTOPF.

Rouleaux de printemps

(Chine)

200 g de filet de porc, 100 g de champi-
gnons à souhait, 150 g de pousses de
bambou, 125 g de chou blanc, sel, 2 cuill. à
soupe d'huile, 1 1/2 cuill. à soupe de
sauce au soja, un peu de tabasco, 2 cuill. à
soupe de cognac, 1 cuill. à soupe de farine
pour la farce. Entre autres : 2 tasses de
farine, 1 tasse d'eau, 2 grands oeufs, sel,
poivre du moulin, un peu de sucre pour
la pâte, 1 tasse d'huile pour la friture,
1 cuill. à soupe de sauce au soja.
Temps de cuisson : env. 45 minutes
Temps de préparation : 1 heure
Valeur nutritive : env. 500 Kcal = 2.093
Kjoules

Couper la viande en fines lanières et la mélanger avec les champignons émincés, les pousses de bambou et le chou blanc coupé en petits morceaux. Saler. Préparer une sauce relevée avec l'huile, la sauce au soja,

le tabasco et le cognac. Mélanger cette sauce avec la viande et les légumes. Incorporer la farine. Laisser reposer au moins pendant 1 heure. Entre-temps, préparer une pâte souple en mélangeant la farine, l'eau, les oeufs, le sel, le poivre et le sucre. Faire des omelettes avec cette pâte dans une poêle et de l'huile. Garnir délicatement avec la farce et former des rouleaux. Poser les rouleaux de printemps côte à côte dans la cocotte RÖMERTOPF. S'il reste encore de l'huile en arroser les rouleaux. Après 15 minutes, ajouter de la sauce au soja délayée dans peu d'eau tiède. Faire dorer les rouleaux à découvert.

Baked beans

(USA)

250 g de haricots blancs secs, 2 cuill.
à soupe de moutarde, suffisamment
de poivre du moulin, sel, 2 oignons,
1 cuill. à soupe de sucre, 1 cuill. à
soupe de miel, 1 cuill. à soupe de
vinaigre, 200 g de bacon.
Temps de cuisson : env. 2 heures 30
Tremper les haricots pendant 10 heures
Valeur nutritive : env. 600 Kcal = 2.511
Kjoules

Laisser tremper les haricots blancs pendant 10 heures, puis les mettre avec l'eau de trempage dans la cocotte RÖMERTOPF trempée dans l'eau. Les mélanger avec la moutarde et le poivre. Fermer la cocotte RÖMERTOPF. Après 1 heure 30 saler, puis ajouter les oignons hachés grossièrement, le sucre, le miel et le vinaigre. Recouvrir avec le lard coupé en fines lanières. Durant la dernière demi-heure, faire brunir à découvert.

MES RECETTES PERSONNELLES POUR LA COCOTTE RÖMERTOPF :

INGREDIENTS :

PREPARATION :

INGREDIENTS :

PREPARATION :

INGREDIENTS :

PREPARATION :

LE POISSON ET SES NOMBREUSES VARIANTES

PORC

BOEUF

VEAU

AGNEAU

GIBIER

VOLAILLE

VARIATIONS

POISSON

LEGUMES

GARNITURES

SOUPES

GRATINS

Les recettes de poisson préparées dans la cocotte RÖMER-TOPF sont un vrai délice. Nul besoin de s'inquiéter pour le temps de cuisson qui est spécialement adapté aux différents plats. Les recettes de base et les suggestions pour de nombreuses spécialités méditerranéennes ont dû vous convaincre de son efficacité. Un atout indéniable réside dans le fait que lorsque vous préparez votre poisson dans cette cocotte en terre cuite à couvercle fermé, vous évitez toute odeur de poisson. Etant donné que les recettes sont préparées avec un minimum de liquide, les ingrédients utilisés gardent toute leur saveur et leur arôme.

Pour étuver correctement un poisson il faut procéder comme suit (court-bouillon suivant recette de base) : mélanger du vinaigre, du sel, les rondelles d'1 oignon, 2 clous de girofle, 1 feuille de laurier et un peu de bouquet garni coupé en morceaux avec 1 tasse d'eau. Laisser mijoter pendant 20 minutes. Si nécessaire rajouter de l'eau. Passer le bouillon légèrement tiédi au chinois et le verser dans la cocotte RÖMERTOPF (poisson) trempée. Rajouter éventuellement de l'eau dans la cocotte jusqu'à ce que le liquide atteigne 1 cm de haut. Poser le poisson dans la cocotte RÖMERTOPF. Une bonne demi-heure de cuisson relève le goût du poisson.

Suggestion pour les amateurs de poisson : Compléter le bouillon avec du vin blanc. Ajouter 700 g de poisson préparé au préalable. Recouvrir avec des flocons de beurre. Si vous voulez servir du poisson avec du beurre fondu, essayez la chose suivante : poser le poisson épicé sans adjonction de liquide dans la cocotte RÖMERTOPF trempée en y rajoutant 50 à 100 g de beurre et de fines herbes et étuver le poisson suivant la recette de base. De cette manière vous conservez toute la saveur et l'arôme du poisson qui n'est pas trop cuit.

Conseil : Cuire le poisson dans la cocotte RÖMERTOPF (poisson) à seulement 180 °. La chair du poisson reste tendre.

Poisson poché et mariné

env. 800 g de filets de poisson, 1 citron,
sel, moutarde, paprika en poudre,
1 bouquet garni, 20 g de beurre, 150 g de
crème fraîche, 1 cuill. à café de fécule.
Temps de cuisson : env. 30 minutes
Mariner le poisson 30 minutes auparavant
Valeur nutritive : env. 350 Kcal = 1.464
Kjoules

Badigeonner le poisson avec une marinade composée de jus de citron, de sel, de moutarde et de paprika. Recouvrir avec une feuille en aluminium et le mettre pendant 30 minutes au réfrigérateur. Tapisser la cocotte RÖMERTOPF trempée avec les morceaux de bouquet garni préalablement préparés. Ajouter le poisson et la marinade. Saupoudrer de flocons de beurre et fermer la cocotte RÖMERTOPF. Rallonger le jus de cuisson avec de la fécule délayée avec de la crème fraîche. Rectifier l'assaisonnement. Servir en accompagnement des pommes de terre farineuses en robe des champs et des salades.

Fricassée de poisson

1 cuill. à soupe de farine, 1 cuill. à soupe
de beurre, 1 tasse de bouillon, 1/8 l de vin
blanc, 1 cuill. à soupe de compote
d'airelles, 1 cuill. à soupe de moutarde,
1 cornichon, 1 oignon, 800 g de filet de
poisson préparé au préalable, 150 g de
crème acidulée, 2 cuill. à soupe de
rondelles de poireaux.
Temps de cuisson : env. 45 minutes
Valeur nutritive : env. 300 Kcal = 1.254
Kjoules

Préparer un roux avec la farine et le beurre et porter à ébullition avec le bouillon. Puis ajouter cette préparation avec le vin, la compote d'airelles, la moutarde, le cornichon coupé en rondelles et l'oignon haché dans la cocotte RÖMERTOPF trempée. Poser le poisson dans la cocotte RÖMERTOPF. Fermer la cocotte RÖMERTOPF. Affiner la sauce avec de la crème acidulée et de ciboulette ciselée. Rectifier l'assaisonnement. Servir en accompagnement des pommes vapeur.

Ci-dessous quelques spécialités très originales à base de poisson. S'il y a des recettes dans lesquelles figurent des poissons trop spécifiques, vous pouvez naturellement les remplacer par un poisson frais et moins onéreux.

Potée de poissons et crevettes

(Danemark)

600 g de filets de poisson, 2 cuill. à soupe de beurre, du paprika doux en poudre, sel, à chaque fois 1 cuill. à soupe de persil et d'aneth hachés, 600 g de pommes de terre, le jus d'un 1/2 citron, 1 tasse de vin blanc, 200 g de crevettes décortiquées, 50 g de fromage râpé, 1 cuill. à café de farine.
Temps de cuisson : env. 60 minutes
Valeur nutritive : env. 400 Kcal = 1.674 Kjoules

Rincer le poisson sous l'eau froide et le tamponner à sec. Malaxer le beurre avec le paprika en poudre, le sel et les herbes condimentaires. Mettre la moitié de ce mélange sous forme de flocons dans la cocotte RÖMERTOPF trempée. Peler les pommes de terre, les couper en dés et mettre la moitié dans la cocotte RÖMERTOPF. Répartir le filet de poisson par-dessus et recouvrir avec le reste de pommes de terre. Mélanger le jus de citron, le vin et les crevettes. Saler, ajouter le fromage et la farine, puis verser ce mélange sur le poisson. Rajouter le reste du mélange beurre-herbes et fermer la cocotte RÖMERTOPF.

Potée de poisson à la hambourgeoise   (Nord de l'Allemagne)

Remplacer les pommes de terre par 200 g de riz. Cuire en même temps 250 g de petits pois surgelés.

Filets de poissons "Baden-Baden"

(Sud de l'Allemagne, Suisse)

800 g de filets (plutôt des poissons d'eau douce), 1 oignon, 250 g de champignons à souhait, 2 cuill. à soupe de mélange de fines herbes (éventuellement surgelées), 125 g de bacon coupé en fines tranches, 1/4 l de vin blanc, 1 gousse d'ail, sel, poivre du moulin, 3 clous de girofle ou baies de genièvre, le jus d'un 1/2 citron, 50 g de fromage râpé, 2 cuill. à soupe de persil haché, 2 cuill. à soupe de beurre.
Temps de cuisson : env. 45 minutes
Valeur nutritive : env. 550 Kcal = 2.300 Kjoules

Rincer le poisson sous l'eau froide et le poser dans la cocotte RÖMERTOPF trempée. Peler l'oignon, le couper en fines rondelles et les poser sur le poisson. Préparer les champignons, les couper en tranches et les répartir sur le poisson. Saupoudrer de fines herbes. Couper le lard en lanières et le poser pardessus. Mélanger le vin avec l'ail pressé, le sel et le poivre et en arroser le poisson. Ajouter les clous de girofle. Arroser de jus de citron. 10 minutes avant la fin du temps de cuisson saupoudrer le fromage mélangé au persil sur le poisson. Recouvrir de flocons de beurre. Laisser la cocotte RÖMERTOPF ouverte. Servir en accompagnement des toasts beurrés et beaucoup de salade verte.

Goulasch au poisson

(Autriche)

600 g de filets de poissons, 2 cuill. à soupe de jus de citron, 600 g d'oignons, 2 tomates, 4 cuill. à soupe d'huile, sel, paprika doux en poudre, un peu de romarin et de feuille de laurier, poivre du moulin, 30 g de beurre, 1/4 l de vin blanc, du paprika doux.
Temps de cuisson : env. 60 minutes
Valeur nutritive : env. 400 Kcal = 1.674 Kjoules

Laver le poisson, le couper en gros dés et les arroser avec du jus de citron. Peler les oignons et les tomates, les couper en dés et les mettre dans la cocotte RÖMERTOPF trempée. Arroser avec l'huile et saupoudrer avec les fines herbes. Arroser avec le vin. Poser le poisson sur ce lit de tomates et d'oignons. Saupoudrer avec le paprika doux en poudre et recouvrir de flocons de beurre. Fermer la cocotte RÖMERTOPF. Servir en accompagnement du riz ou de la purée de pommes de terre.

PORC

BOEUF

VEAU

AGNEAU

GIBIER

VOLAILLE

VARIATIONS

POISSON

LEGUMES

GARNITURES

SOUPES

GRATINS

Goulasch au poisson, Hollande

Préparer la purée de pommes de terre et la mélanger avec du fromage râpé. Disposer une couche dans la cocotte RÖMERTOPF, recouvrir avec le goulasch au poisson et garnir avec une autre couche de purée de pommes de terre.

Goulasch au poisson, Pologne

Epicer avec du raifort râpé. Remplacer les tomates par des cornichons finement coupés. Lier avec de la crème acidulée.

Filets de poissons sur lit de choucroute

(France - Alsace)

500 g de choucroute, 1 pomme, 3 baies de genièvre, 1/2 feuille de laurier, 1/4 l de crème acidulée, 800 g de filets de poissons, sel, 2 cuill. à soupe de jus de citron, 1 oeuf, 4 cuill. à soupe de farine, 2 cuill. à soupe de beurre, 2 cuill. à soupe d'huile, 50 g de lard fumé maigre.
Temps de cuisson : env. 60 minutes.
Contient env. 450 Kcal. = 1.883 Kjoules.

Emietter la choucroute avec une fourchette, puis la déposer dans la cocotte RÖMERTOPF trempée avec les tranches de pomme, les baies de genièvre et la 1/2 feuille de laurier, 1/2 tasse d'eau et 2 cuill. à soupe de crème acidulée. Laver les filets de poissons, les tamponner à sec avec du papier absorbant, saler, poivrer et arroser de jus de citron. Les retourner ensuite tout d'abord dans l'oeuf brouillé, puis dans la farine. Dans une poêle, chauffer le beurre et l'huile et y faire revenir les lardons avant d'y faire dorer les filets. Déposer le tout sur la choucroute et mettre le couvercle. A 10 minutes de la fin de la cuisson, ajouter délicatement le reste de crème acidulée mélangée avec la farine et retirer le couvercle.

Accompagner de purée de pommes de terre ou de pommes vapeur.

Filets de poissons sur lit de choucroute, Hongrie

Ajouter à la choucroute 1 poivron préparé et coupé en morceaux et 2 tomates coupées en dés. Epicer avec beaucoup de paprika.

Paupiettes de poisson, sauce épicée

(Hongrie)

700 g de filets de poisson au choix, 1 oignon, 1 cornichon, 100 g de salami, 1/8 l de crème acidulée, 1 cuill. à soupe de farine, 1/2 tasse de vin blanc (de préférence du tokay), un peu de zeste râpé d'un citron non traité, sel, paprika doux en poudre, 1 cuill. à soupe de beurre.
Temps de cuisson : env. 45 minutes.
Contient env. 400 Kcal. = 1.674 Kjoules.

Couper les filets de poissons lavés dans le sens de la longueur de façon qu'il en résulte de fines tranches. Hacher finement l'oignon, couper le cornichon en petits dés, couper le salami en lanières. Répartir le tout sur les filets de poissons, enrouler et fixer avec des cure-dents. Puis déposer le tout verticalement et côte à côte dans la cocotte RÖMERTOPF trempée. Arroser avec la moitié de la crème acidulée et mettre le couvercle. Allonger la sauce terminée avec la préparation légèrement chauffée composée du reste de crème, de farine et du vin blanc. Rectifier l'assaisonnement avec un peu de zeste râpé, sel, paprika et affiner avec le beurre.

Accompagner de pain généreusement saupoudré de paprika en poudre.

Carpe au poivron rouge

(Hongrie)

1 grande carpe, du paprika, sel, 2 gros oignons, 1 poivron rouge, 1 cuill. à soupe de saindoux, 1/8 l de vin rouge, 4 cuill. à soupe de concentré de tomates, 250 g de crème acidulée, 1 citron non traité.

Temps de cuisson : env. 1 heure.
Contient env. 350 Kcal. = 1.465 Kjoules.

Si cela n'a pas été fait lors de l'achat, écailler la carpe, la nettoyer et couper la tête. Saupoudrer de tous les côtés avec du paprika et du sel. Préparer la sauce sur le feu. Pour cela, peler les oignons et les couper en dés. Oter le trognon du poivron, l'épépiner et ôter les peaux blanches, puis couper le poivron en petits morceaux. Faire revenir le tout dans le saindoux. Déglacer avec le vin rouge. Incorporer le concentré de tomates et la crème acidulée, assaisonner avec 1 cuill. à soupe de paprika fort, du sel et un peu de zeste de citron râpé. Verser le tout dans la cocotte RÖMERTOPF trempée. Disposer en dernier la carpe. A 10 minutes de la fin de la cuisson ôter le couvercle. Avant de servir, arroser la carpe de jus de citron.

Accompagner de pommes de terre et de salade verte.

Perche aux tomates

(Belgique)

1 perche (ou tout autre poisson) d'env.
1000 g, 1 citron, 50 g de lard fumé maigre,
1 oignon, 1 cuill. à soupe d'huile, 250 g de
champignons, sel, 6 tomates, 1 cuill. à
soupe de beurre.

Temps de cuisson : env. 70 minutes.
Contient env. 300 Kcal. = 1.250 Kjoules.

Laver le poisson sans tête à l'intérieur comme à l'extérieur et l'arroser du jus de citron. Laisser reposer 10 minutes. Faire revenir dans l'huile, le lard et l'oignon pelé et coupé en dés. Couper les champignons en quatre et les ajouter brièvement dans la poêle. Recouvrir le fond de la cocotte RÖMERTOPF trempée avec cette préparation, saler et ajouter le poisson. Oter le pédoncule et la partie cernée des tomates, les ébouillanter et les peler, puis les disposer autour du poisson. Saler légèrement. Parsemer de flocons de beurre et mettre le couvercle.

Accompagner de pommes vapeur, de riz ou de purée de pommes de terre.

Brochet à la pâte d'anchois

(Suède)

1 brochet, 50 g de lard fumé maigre,
de la pâte d'anchois en tube, 250 g de
crème acidulée, 3 cuill. à soupe de
persil haché.
Temps de cuisson : env. 60 minutes.
Contient env. 350 Kcal. = 1.465 Kjoules.

Préparer le poisson et le larder avec de petits morceaux de lard. Le badigeonner généreusement de pâte d'anchois à l'intérieur et légèrement à l'extérieur, puis le déposer dans la cocotte RÖMERTOPF trempée. Arroser de crème acidulée et saupoudrer de persil, puis mettre le couvercle. Décorer le poisson de rondelles de citron avant de le servir.

Accompagner de pommes de terre à l'eau et de ketchup.

PORC

BOEUF

VEAU

AGNEAU

GIBIER

VOLAILLE

VARIATIONS

POISSON

LEGUMES

GARNITURES

SOUPES

GRATINS

Truite gratinée

(Autriche)

4 truites, 50 g de beurre, 1/4 l de vin
blanc, 250 g de champignons, 4 cuill. à
soupe de persil haché, sel, poivre du
moulin, 4 cuill. à soupe de chapelure,
2 cuill. à soupe de fromage râpé.
Temps de cuisson : env. 50 minutes.
Contient env. 350 Kcal. = 1.465 Kjoules.

Badigeonner généreusement les truites à
l'extérieur avec du beurre, puis les déposer dans la cocotte RÖMERTOPF trempée.
Arroser de vin blanc. Emincer les champignons et en saupoudrer les truites avec le
persil, puis saler et poivrer. Mélanger la
chapelure et le fromage râpé et en saupoudrer les truites. Décorer avec des flocons
de beurre et mettre le couvercle. Durant
les 10 dernières minutes de cuisson, ôter le
couvercle.

Accompagner de pain blanc et de salade
verte.

Soles à la hambourgeoise

(Nord de l'Allemagne)

1000 g de soles, jus de citron, sel, 4 cuill. à
soupe de beurre, 250 g de petits pois surge-
lés, 4 tomates, 1 cuill. à soupe d'aneth ha-
chée, un peu d'estragon, un peu de sucre,
1 cuill. à soupe de farine, 1/4 l de lait,
poivre du moulin, râpure de muscade.
Temps de cuisson : env. 60 minutes.
Contient env. 400 Kcal. = 1.674 Kjoules.

Epicer les soles avec du jus de citron et du
sel et les déposer dans la cocotte RÖMER-
TOPF trempée. Garnir avec des flocons de
beurre. Ajouter les petits pois et les tomates pelées et coupées en deux. Saupoudrer d'aneth, d'estragon et de sucre. Mettre
le couvercle. Durant les dernières 20 minutes ajouter la sauce béchamel et laisser
mijoter. Pour la sauce béchamel, préparer
un roux clair avec le reste de beurre et de farine. Mélanger et arroser avec le lait. Saler,
poivrer et saupoudrer de muscade, faire réduire légèrement et en arroser les truites.

Accompagner de pommes vapeur et de salade verte.

La Mer Méditerranée offre une variété de
poissons très importante pour le plus
grand plaisir des habitants. Ces derniers
savent apprécier les poissons à chair tendre et légère. Ils connaissent un nombre
considérable de préparations pour poissons les unes plus délicieuses que les autres. Les Méditerranéens aiment tout particulièrement le poisson grillé. Mais les recettes bien épicées à base de poissons qui
se préparent au four, valent également
le détour et sont idéales pour la cocotte
RÖMERTOPF.
Si vous ne trouvez pas le commerce la variété de poissons indiquée dans la recette,
n'hésitez pas à la remplacer par une autre.
Le plus important est que le poisson soit
bien frais. Ainsi il sera toujours un vrai
délice.

Anguille à la bourguignonne

(France)

600 g d'anguille fraîche, 2 oignons,
2 gousses d'ail, quelques grains de poivre,
2 cuill. à soupe de fines herbes hachées en
mélange, 1/2 cuill. à café d'herbes de Pro-
vence déshydratées, 1 cuill. à soupe de
champignons au choix, sel, 1/2 l de vin
rouge, 2 cuill. à soupe de cognac, 1 cuill. à
soupe de beurre, 1 cuill. à soupe de farine,
2 cuill. à soupe de persil haché.
Temps de cuisson : env. 45 minutes.
Contient env. 600 Kcal. = 2.510 Kjoules.

Laver l'anguille et la couper en tronçons
d'env. 6 cm de long. Peler les oignons et
les gousses d'ail, puis couper le tout en
rondelles et déposer dans la cocotte RÖ-
MERTOPF trempée avec les grains de poivre et les fines herbes. Recouvrir avec les
champignons et les tronçons d'anguille, saler légèrement. Ajouter le vin et fermer la
cocotte. Lorsque le poisson est cuit, le sortir délicatement.

Passer le fond au chinois et ajouter le cognac. Lier avec les flocons de beurre et la farine délayée dans un peu d'eau. Rectifier l'assaisonnement et saupoudrer de persil haché.

Accompagner de riz ou de pâtes au beurre.

Truites gratinées

(France)

4 truites, 1/4 l de vin blanc, 200 g de champignons (éventuellement en boîte), 4 cuill. à soupe de persil haché, 2 cuill. à soupe de fromage râpé, 4 cuill. à soupe de chapelure, 50 g de beurre, poivre du moulin.
Temps de cuisson : env. 45 minutes.
Contient env. 350 Kcal. = 1.465 Kjoules.

Déposer les truites dans la cocotte RÖMERTOPF trempée et mouiller avec le vin. Recouvrir avec les champignons émincés, le persil et le fromage râpé mélangé avec la chapelure. Parsemer de flocons de beurre. Mettre le couvercle. Durant les 10 dernières minutes de cuisson retirer le couvercle. Poivrer les truites.

Accompagner de pain blanc et de laitue.

Poisson de mer aux olives

(Grèce)

4 tranches de poisson de mer à 200 g, sel, poivre, 1 citron non traité, 1 oignon, 2 tomates, 1/4 l de vin blanc, 1 cuill. à café d'origan, 1 cuill. à soupe de persil haché, 100 g d'olives noires, 1 cuill. à soupe d'amandes moulues, sel, poivre.
Temps de cuisson : env. 40 minutes.
Contient env. 250 Kcal. = 1.046 Kjoules.

Laver le poisson, saler, poivrer et le déposer dans la cocotte RÖMERTOPF trempée. Laver le citron à l'eau chaude, le couper en rondelles et les déposer sur les tranches de poisson. Peler les oignons, puis les hacher. Ebouillanter les tomates, les peler, puis les couper en quatre et les ajouter au poisson. Mouiller avec le vin, saupoudrer d'origan, de persil et mettre le couvercle. Retirer les rondelles de citron et mélanger les olives, ainsi que les amandes moulues. Servir avec le poisson.

Accompagner de pain.

Poisson de mer sur lit de légumes, Espagne

Dresser les tranches de poisson sur un lit de légumes composé de : 1 branche de céleri, 1 poivron jaune, 4 tomates, 2 oignons, 250 g de pleurotes. Epicer avec le jus d'un citron.

Accompagner de riz au safran.

Poisson de mer aux amandes

(Turquie)

Ne pas incorporer les amandes dans la sauce, mais les mélanger avec 3 cuill. à soupe de chapelure, 2 gousses d'ail pressées, 2 cuill. à soupe de persil haché, 1 cuill. à soupe d'huile, sel et poivre. Répartir sur les morceaux de poisson et laisser dorer sans couvercle pendant 10 minutes.

PORC
BOEUF
VEAU
AGNEAU
GIBIER
VOLAILLE
VARIATIONS
POISSON
LEGUMES
GARNITURES
SOUPES
GRATINS

Poisson épicé, Maroc

Déposer les morceaux de poisson dans la cocotte RÖMERTOPF trempée et les saupoudrer de sel, paprika et cumin, ainsi que du poivre du moulin. Epicer avec 1 cuill. à café de zeste de citron râpé non traité, le jus de citron, 6 gousses d'ail pressées et 1 bouquet de persil haché.

Poisson de mer aux olives, Grèce

Faire revenir légèrement dans l'huile les morceaux de poisson avec de l'ail. Dresser sur 2 oignons et 4 tomates coupés en dés, mouiller avec 1/4 l de vin blanc. Epicer avec de l'origan, du persil haché, un peu de zeste râpé de citron non traité. Ajouter en dernier 100 g d'olives noires.

Poisson de mer à la sauce au safran

(Syrie)

4 tranches de poisson au choix à env.
200 g, 2 citrons, 2 tranches de pain blanc,
1 oignon, 4 gousses d'ail, 4 cuill. à soupe
d'olives, sel, 1 bouquet de persil, 2 doses
de safran.
Temps de cuisson : env. 40 minutes.
Contient env. 300 Kcal. = 1.255 Kjoules.

Saler les tranches de poisson et les déposer dans la cocotte RÖMERTOPF trempée. Presser le citron et l'ajouter au poisson. Emietter le pain blanc, peler et hacher l'oignon et l'ail, arroser d'huile et saupoudrer de sel. Mouiller avec 1/4 l d'eau. Ajouter la moitié du persil et le safran. Mettre le couvercle. Rectifier la sauce terminée et mélanger avec le reste de persil.

Accompagner de riz.

Potée de poissons aux oeufs

(Espagne)

4 tranches de poisson de mer à 200 g,
1 citron, 600 g de pommes de terre, 4 oeufs
durs, 2 oignons, 2 gousses d'ail, sel, poivre
du moulin, 4 cuill. à soupe d'huile d'olive,
1/4 l de lait, 2 cuill. à soupe de farine,
2 jaunes d'oeufs, 1 petite boîte de concentré de tomates.
Temps de cuisson : env. 1 heure.
Contient env. 550 Kcal. = 2.300 Kjoules.

Laver le poisson et l'arroser de jus de citron. Eplucher les pommes de terre et les couper en rondelles, de même que les oeufs durs. Hacher les oignons et l'ail pelés. Déposer la cocotte RÖMERTOPF trempée recouvrir avec le poisson. Saler poivrer et arroser d'huile et d'1 tasse d'eau. Après 45 minutes arroser avec la sauce préparée sur le feu et composée de lait, farine, jaune d'oeuf, sel, poivre et concentré de tomates. Terminer la cuisson sans couvercle.

Accompagner de riz ou de pain.

Thon au four

(Italie)

600 g de tomates bien mûres, 4 tranches
de thon à 200 g, sel, 4 cuill. à soupe d'huile
d'olive, 3 cuill. à soupe de persil haché,
autant de câpres, de basilic et de rondelles
d'olives farcies, 2 cuill. à soupe d'amandes
moulues, 2 cuill. à soupe de chapelure.
Temps de cuisson : env. 40 minutes.
Contient env. 400 Kcal. = 1.674 Kjoules.

Déposer les rondelles de tomates dans la cocotte RÖMERTOPF trempée et recouvrir avec les tranches de thon lavées, saler et arroser d'huile d'olive. Parsemer de persil, basilic, câpres et olives. Saupoudrer d'amandes mélangées avec la chapelure. Accompagner de pain blanc bien croustillant et de salade verte.

Thon lardé et mariné

(France)

4 tranches de thon frais à 200 g, 10 filets
d'anchois, 1 citron, 1 tasse de vin blanc,
sel, quelques grains de poivre, 1/2 cuill. à
café d'herbes de Provence déshydratées,
1 feuille de laurier, 1 petit oignon,
1 gousse d'ail, 4 cuill. à soupe d'huile
d'olive, 1 petite boîte de concentré
de tomates.
Temps de cuisson : env. 45 minutes.
Mariner le poisson 3 heures avant cuisson.
Contient env. 400 Kcal. = 1.674 Kjoules.

Laver le poisson et le couper en lanières.
Les piquer avec les filets d'anchois. Préparer une marinade avec le jus de citron, le
vin, sel, grains de poivre, herbes de Provence, oignon et ail pelés. Y mariner le
poisson durant 3 heures. Puis l'égoutter et
bien le tamponner à sec avec du papier absorbant. Le faire revenir brièvement dans
l'huile. Déposer les tomates dans la cocotte RÖMERTOPF trempée suivant indications de la préface, recouvrir avec le
poisson et mouiller avec la marinade.
Mettre le couvercle.

Accompagner de pain blanc.

Pieuvre aux petits pois

(Italie)

600 g de pieuvre (surgelée dans notre
recette), 2 gousses d'ail, 2 cuill. à
soupe d'huile d'olive, 2 cuill. à soupe
de persil haché, 1 piment, sel, poivre
du moulin, 1/4 l de vin rouge, 1/2
boîte de tomates pelées, 400 g de petits
pois (éventuellement surgelés).
Temps de cuisson : env. 2 heures 30.
Compter le temps de décongélation.
Contient env. 300 Kcal. = 1.255 Kjoules.

Bien laver la pieuvre, puis la couper en
morceaux. Décongeler les ingrédients
surgelés. Peler l'ail, puis le hacher finement et le faire suer dans l'huile. Ajouter la pieuvre et la faire dorer, puis déposer le tout dans la cocotte RÖMER-
TOPF trempée. Saupoudrer de persil
et du piment haché. Ajouter le vin et
les tomates et mettre le couvercle.
Ajouter à deux reprises du liquide
chauffé. Après 2 heures de cuisson incorporer les petits pois.

Epicer le plat terminé et accompagner
de pain blanc.

Pieuvre au vin blanc

(voir illustration page 101)

Temps de cuisson env. 1 heure.
Compter le temps de décongélation.

Faire revenir dans l'huile les pieuvres
préparées et l'ail comme expliqué. Déposer dans la cocotte RÖMERTOPF
trempée et mouiller avec le vin blanc.
Incorporer le concentré de tomates, la
marjolaine, le thym et le persil haché
et épicer avec sel, paprika doux en
poudre et un peu de sucre.

Accompagner de pain blanc ou de riz.

PORC

BOEUF

VEAU

AGNEAU

GIBIER

VOLAILLE

VARIATIONS

POISSON

LEGUMES

GARNITURES

SOUPES

GRATINS

Paupiettes de poisson épicées

(Tunisie)

8 fines tranches de filets de poisson à env.
100 g, 1 citron, 1 oignon, 4 gousses d'ail,
2 cuill. à soupe de pâte de poivrons et de
concentré de tomates, du paprika fort en
poudre, sel, 1 oeuf dur, 1 tranche de pain
blanc, 4 cuill. à soupe d'huile, 50 g d'olives
farcies, 2 cuill. à soupe de persil haché,
1 tasse de bouillon instantané, 1 gros
cornichon.

Temps de cuisson : env. 45 minutes.
Contient env. 350 Kcal. = 1.465 Kjoules.

Laver le poisson, le tamponner à sec avec
du papier absorbant et l'arroser de jus de
citron. Peler l'oignon et les gousses d'ail,
hacher le tout et mélanger avec le concentré de tomates et la pâte de poivrons, puis
épicer avec le sel et beaucoup de paprika
en poudre. Ecaler l'oeuf et le hacher.
Emietter le pain blanc et l'arroser avec un
peu d'eau. Malaxer le tout avec l'huile.
Mélanger en dernier les olives coupées en
rondelles et le persil. Rectifier encore une
fois l'assaisonnement. Badigeonner cette
farce bien épicée sur les filets de poisson,
les enrouler et les déposer dans la cocotte
RÖMERTOPF trempée. Arroser avec un
peu de bouillon, un peu de marinade des
cornichons. Saupoudrer le mets avec un
cornichon coupé en petits dés.

Accompagner d'une galette de pain.

Potée de poissons Cacciucco

(Italie)

4 oignons, 4 gousses d'ail, 1 carotte,
1 branche de céleri, 4 cuill. à soupe
d'huile, 200 g de poisson de mer au choix,
200 g de pieuvre déjà pochée, 2 tranches
de pain blanc, 100 g de chair de coquillages, 1 boîte de tomates pelées, sel,
poivre du moulin, 1/4 l de vin blanc.

Temps de cuisson : 1 heure 30 à 180° C.
Contient env. 400 Kcal. = 1.674 Kjoules.

Couper les légumes en petits morceaux et
les faire revenir dans l'huile. Laver le poisson et couper la pieuvre en rondelles.
Ajouter le tout aux légumes et faire revenir en remuant constamment. Tremper la
cocotte RÖMERTOPF, y déposer les
tranches de pain, recouvrir tout d'abord
avec la chair des coquillages, puis avec les
ingrédients de la poêle. Garnir avec les tomates, saler, poivrer et arroser avec le vin.
Mettre le couvercle. Avant de servir mélanger le tout délicatement et rectifier l'assaisonnement.

CONSEIL : ajoutez quelques coquillages
avec coquille à ce plat, cela est très
décoratif.

Bouillabaisse

(France)

1 oignon, 1 gousse d'ail pressée, 2 cuill. à
soupe d'huile d'olive, 1/2 bouquet garni,
700 g de filets de poissons en mélange
(toutes les sortes sauf des harengs), 250 g
de pommes de terre, 2 tomates, sel, poivre
du moulin, 1 feuille de laurier, un peu de
zeste râpé d'un citron non traité, 3/4 l de
bouillon instantané, 50 g de coquillages
prêts à l'emploi, ainsi que de crevettes
décortiquées, 1/4 l de vin blanc, un peu
de safran, 1 cuill. à soupe de beurre,
2 cuill. à soupe de cognac, 1 cuill. à soupe
de persil haché.

Temps de cuisson : env. 1 heure.
Contient env. 300 Kcal. = 1.256 Kjoules.

Peler l'oignon et l'ail, hacher le tout et faire suer dans l'huile. Y faire revenir brièvement le bouquet garni coupé en petits morceaux, puis incorporer pendant 3 minutes le poisson bien lavé et tamponné à sec avec du papier absorbant. Déposer ensuite le tout dans la cocotte RÖMERTOPF trempée avec les pommes de terre épluchées et coupées en rondelles et les tomates pelées et coupées en quarts. Saler, poivrer et incorporer la feuille de laurier ainsi que le zeste de citron. Mouiller avec le bouillon et mettre le couvercle. Bien assaisonner le bouillon et y pocher quelques instants les coquillages ainsi que les crevettes. Affiner avec le safran, le beurre, le cognac et le persil.

Accompagner de pain de mie grillé.

Soupe de poissons, Grèce

Passer la soupe à travers un chinois, assaisonner avec du concentré de tomates, du jus de citron et de l'origan.

Soupe de poissons, Espagne

Ajouter au poisson 1 oignon, 3 gousses d'ail, 3 tomates et 1 piment.

Soupe de poissons, Croatie

Préparer 2 tomates, 2 oignons, 2 gousses d'ail et 400 g de pommes de terre et couper le tout en petits morceaux. Epicer avec 2 feuilles de laurier, un peu de céleri en branches et une trace de fenouil. Mélanger le plat terminé avec beaucoup de persil haché.

Poisson braisé

(Chine)

600 g de filets de poisson au choix,
2 cuill. à soupe de jus de citron, 300 g
de poireaux (coupés en rondelles),
100 g de champignons au choix (ou
20 g de champignons chinois déshydratés et trempés), 100 g de jambon
maigre cuit, 100 g de crevettes, 1 tasse
de bouillon instantané, 1 cuill. à soupe
de sauce soja, sel, 1 cuill. à soupe
d'alcool de riz ou cognac, 1 cuill. à
soupe de fécule, 100 g de germes
de bambous.
Temps de cuisson env. 75 minutes.
Contient env. 250 Kcal. = 1.046 Kjoules.

Arroser les filets avec le jus de citron, laisser reposer quelques instants et les déposer dans la cocotte RÖMERTOPF trempée. Recouvrir avec les rondelles de poireaux et les champignons émincés. Couper le jambon en petits dés et l'incorporer dans la cocotte RÖMERTOPF, ainsi que les crevettes. Mouiller avec le bouillon mélangé avec la sauce soja et l'alcool. Mettre le couvercle. Un peu avant de servir, rectifier l'assaisonnement et ajouter les germes de bambous. Lier le plat avec de la fécule délayée dans un peu d'eau. Laisser reposer quelques minutes dans le four éteint.

PORC

BOEUF

VEAU

AGNEAU

GIBIER

VOLAILLE

VARIATIONS

POISSON

LEGUMES

GARNITURES

SOUPES

GRATINS

Potée de poissons, Chine

Remplacer les champignons par des lanières d'un poivron, 1 cuill. à soupe de concentré de tomates et 1 tasse de riz cru. Ajouter 2 tasses de liquide en plus.

Poisson braisé aux oeufs

(Indonésie)

600 g de filets de poissons, 1 petite boîte de germes de bambous, 100 g de bâtonnets d'amandes, 4 oeufs, sel, poivre du moulin, 1 gousse d'ail, 1 oignon, 4 cuill. à soupe d'huile, de la sauce soja et du tabasco selon goût.
Temps de cuisson : env. 1 heure.
Contient env. 450 Kcal. = 1.883 Kjoules.

Couper le poisson dans le sens de la longueur et déposer 1/3 dans la cocotte RÖMERTOPF trempée. Saupoudrer avec la moitié des germes de bambous. Mélanger les amandes avec les oeufs, saler, poivrer, ajouter l'ail pressé et l'oignon rapé. Ajouter la sauce soja et le tabasco à souhait selon que vous aimez manger épicé (dans la recette originale le plat est très relevé !).

Répartir la moitié de ce mélange sur les germes de bambous. Recouvrir avec une couche de poisson, puis de germes de bambous et de la masse aux oeufs. La dernière couche sera de poisson. Arroser d'huile et mettre le couvercle.

Crevettes au curry

(Inde)

600 g de crevettes décortiquées, 5 gousses d'ail, 2 cuill. à soupe d'huile, 2 petits piments, 1 petite boîte de tomates pelées, 2 gros oignons, un peu de curcuma, sel, 1-2 cuill. à soupe de curry en poudre.
Temps de cuisson : env. 30 minutes.
Contient env. 250 Kcal. = 1.046 Kjoules.

Rincer les crevettes, bien les tamponner à sec avec du papier absorbant et les faire revenir dans l'huile avec l'ail haché, puis déposer le tout dans la cocotte RÖMERTOPF trempée. Couper les piments en quatre et les ajouter dans la cocotte avec les tomates pelées et les oignons hachés. Epicer avec le curcuma, le curry et le sel. Mettre le couvercle.

Accompagner de riz.

MES RECETTES PERSONNELLES
POUR LA COCOTTE RÖMERTOPF :

PREPARATION :

INGREDIENTS :

LES LEGUMES PREPARES ET FARCIS RICHES EN VITAMINES

PORC

BOEUF

VEAU

AGNEAU

GIBIER

VOLAILLE

VARIATIONS

POISSON

LEGUMES

GARNITURES

SOUPES

GRATINS

Vous avez certainement votre recette fétiche pour cuisiner chaque variété de légumes. Nous vous présentons tout d'abord les spécialités les plus intéressantes des pays méditerranéens et du Nord de l'Europe qui valent vraiment le détour.

C'est tout simple avec la cocotte RÖMERTOPF. Si vous tenez à adapter vos propres recettes, il vous suffit de vérifier le temps de cuisson du légume concerné. Nous avons laissé de côté les légumes ayant un temps de cuisson extrêmement court comme, par exemple, les asperges ou le brocoli. La deuxième partie de notre chapitre si intéressant sera consacrée à la délicieuse cuisine aux fines herbes et aux senteurs méditerranéennes.

Chou-fleur multicolore

(Scandinavie)

1 grand chou-fleur, 1 cuill. à soupe de
vinaigre, sel, 200 g de crème acidulée,
1 tasse de fines herbes finement hachées
en ayant soin de prendre beaucoup
d'aneth, 2 tomates, 200 g de crevettes
décortiquées, poivre du moulin.
Temps de cuisson : env. 30 minutes.
Contient env. 200 Kcal. = 837 Kjoules.

Couper le chou-fleur en quatre et étuver
pendant env. 5 minutes dans de l'eau salée
vinaigrée. Egoutter et déposer dans la cocotte RÖMERTOPF trempée. Ajouter la
crème acidulée et les fines herbes, de
même que les tomates coupées en dés et
les crevettes. Bien assaisonner et mettre le
couvercle.

Chou-fleur aux tomates

(Mer Noire)

1 grand chou-fleur, sel, 4 tomates fraîches
coupées en dés, 2 gousses d'ail, 2 oignons,
3 cuill. à soupe d'huile d'olive, 1/2 boîte
de tomates pelées, 1 tasse de vin blanc, un
peu de râpure de muscade, 1 cuill. à
soupe de persil haché.
Temps de cuisson : env. 40 minutes.
Contient, env. 150 Kcal. = 627 Kjoules.

Oter le trognon du chou-fleur, puis détailler en rosettes et le mettre env. 30 minutes
dans l'eau salée pour éventuellement éloi-
gner les insectes. Bien égoutter. Peler l'ail
et l'oignon, puis hacher le tout et faire
suer dans l'huile. Y faire revenir pendant
quelques instants les rosettes de chou-
fleur en les retournant constamment. Puis
déposer le tout dans la cocotte RÖMER-
TOPF trempée selon les indications de la
préface. Garnir avec les tomates et arroser
avec le vin. Saler le plat, poivrer et saupoudrer de muscade. Mettre le couvercle.
Mélanger avec le persil.

Haricots verts à la crème acidulée

(Russie)

500 g de haricots verts, 250 g d'oignons,
250 g de tomates, sel, poivre du moulin,
200 g de crème acidulée, 1 oeuf, du basilic
frais ou déshydraté.
Temps de cuisson : env. 1 heure.
Contient env. 200 Kcal. = 837 Kjoules.

Préparer les haricots verts et les couper
grossièrement. Peler les oignons et les tomates et les couper en huit. Mettre le tout
dans la cocotte RÖMERTOPF trempée. Saler, poivrer et arroser avec la moitié de la
crème acidulée. Mettre le couvercle. Brouiller l'oeuf avec le reste de crème et le basilic et en fin de cuisson en lier la sauce.

Haricots blancs secs

(Hongrie)

200 g de haricots blancs secs, 1 gros
poivron vert, 1 oignon, 1 petit piment,
2 gousses d'ail, 1 cuill. à soupe de sain-
doux, 1/4 l de bouillon instantané corsé,
sel, paprika doux en poudre.
Temps de cuisson : env. 2 heures 30.
Tremper les haricots secs pendant 10 heures.
Contient env. 250 Kcal. = 1.046 Kjoules.

Tremper les haricots blancs secs pendant 10 heures, puis les verser avec l'eau de trempage dans la cocotte RÖMERTOPF trempée. Préparer le poivron et le piment. Presser l'ail et mélanger avec le bouillon. En arroser les haricots. Mettre le couvercle. Assaisonner les haricots une fois cuits avec sel et poivron. Faire suer dans le saindoux les rondelles d'oignons et en saupoudrer les haricots avant de servir.

Petits pois au vin

(Autriche)

600 g de petits pois surgelés, 1/4 l de vin blanc, un peu d'estragon, sel, poivre du moulin, 30 g de beurre, 4 cuill. à soupe de crème acidulée, 2 cuill. à café de farine.
Temps de cuisson : env. 30 minutes.
Contient env. 250 Kcal. = 1.046 Kjoules.

Verser les petits pois dans la cocotte RÖMERTOPF trempée et arroser avec le vin. Epicer avec sel, poivre et estragon, ajouter 1 cuill. à soupe de beurre. Mettre le couvercle. Lier avec la crème acidulée mélangée avec la farine, incorporer le reste de beurre et rectifier l'assaisonnement.

Pois cassés

(Suisse)

200 g de petits pois secs, 1/4 l de bouillon instantané corsé, 1 gros oignon, 200 g de jambon cuit, 50 g de beurre.
Temps de cuisson : env. 1 heure.
Tremper les pois pendant 10 heures.
Contient env. 400 Kcal. = 1.674 Kjoules.

Tremper les pois pendant 10 heures, puis les égoutter. Déposer le tout avec les lanières de jambon, l'oignon coupé en dés et la moitié du beurre dans la cocotte RÖMERTOPF trempée. Mettre le couvercle. Pour finir, affiner le tout avec le beurre et rectifier l'assaisonnement.

Concombre étuvé

(Scandinavie)

600 g de concombres, 200 g de tomates, 200 g d'oignons, sel, poivre du moulin, 50 g de lard fumé maigre, 1 cuill. à soupe de farine, 125 g de crème acidulée, 2 cuill. à soupe d'aneth, un peu de sucre, un peu de vinaigre.
Temps de cuisson : env. 45 minutes.
Contient env. 200 Kcal. = 837 Kjoules.

Eplucher les concombres. Ebouillanter les tomates, puis les peler. Peler les oignons, puis les couper en rondelles. Déposer le tout dans la cocotte RÖMERTOPF trempée et saupoudrer avec un peu de sel et beaucoup de poivre. Couper le lard en lardons et les faire revenir dans la poêle. Verser le tout avec le gras dans la cocotte. Saupoudrer de farine et arroser avec la crème acidulée. Mettre le couvercle. Affiner avec l'aneth, et donner un goût aigre-doux avec le sucre et le vinaigre.

CONSEIL : tous les légumes restent bien croquants avec notre temps de cuisson. Toutefois, si vous préférez des légumes bien cuits, allongez le temps de cuisson d'env. 15 minutes.

PORC

BOEUF

VEAU

AGNEAU

GIBIER

VOLAILLE

VARIATIONS

POISSON

LEGUMES

GARNITURES

SOUPES

GRATINS

Endives au jambon

(Belgique)

4 endives, sel, 2 cuill. à soupe de jus de
citron, 4 tranches de fromage pour gratin,
4 tranches pas trop fines de jambon cuit,
un peu de râpure de muscade, 1 petite
boîte de tomates pelées, 1 petit oignon,
100 g de crème fraîche, poivre du moulin.
Temps de cuisson : env. 30 minutes.
Contient env. 300 Kcal. = 1.255 Kjoules.

Laver les endives, et retirer le trognon
amer. Blanchir dans de l'eau salée légèrement citronnée pendant env. 5 minutes.
Puis égoutter. Déposer les tranches de fromage sur les tranches de jambon préalablement saupoudrées de muscade, puis en enrouler les endives. Fixer avec des cure-
dents et les déposer côte à côte dans la cocotte RÖMERTOPF trempée. Réduire les
tomates en purée avec le mixer, mélanger
ensuite avec l'oignon haché, la crème
fraîche et le poivre. En arroser les endives
au jambon et mettre le couvercle.

Chou rave farci

(Belgique)

4 gros choux raves, sel, quelques grains
de poivre, 1/2 citron non traité, 4 oeufs,
poivre du moulin, râpure de muscade,
2 cuill. à soupe de persil haché, 1 cuill. à
soupe de beurre.
Temps de cuisson : env. 30 minutes.
Contient env. 200 Kcal. = 837 Kjoules.

Peler les choux raves, les couper en deux
et les blanchir env. 10 minutes dans l'eau
salée avec les grains de poivre, puis les évider. Réduire la chair en purée, puis mélanger avec le jus de citron, un peu de zeste
râpé de citron, les jaunes d'oeufs, sel, poivre, muscade et persil. Incorporer délicatement les blancs d'oeufs montés en neige.
Déposer les demis choux raves dans la cocotte RÖMERTOPF trempée et les garnir
avec la farce. Coiffer avec des flocons de
beurre. Mettre le couvercle.

Poireaux

(Belgique)

1200 g de poireaux, sel, 2 jaunes d'oeufs,
100 g de crème acidulée, le jus d'un 1/2
citron, sel, poivre du moulin, un peu de
râpure de muscade, un peu de zeste râpé
d'un citron non traité, 2 cuill. à soupe
de beurre.
Temps de cuisson : env. 30 minutes.
Contient env. 200 Kcal. = 837 Kjoules.

Préparer les poireaux, bien laver les parties blanches et couper en bâtonnets de 3
cm. Blanchir dans de l'eau salée pendant
env. 5 minutes. Bien égoutter et déposer
dans la cocotte RÖMERTOPF trempée.
Mélanger tous les autres ingrédients,
en recouvrir les poireaux et mettre le
couvercle.

Lentilles à la crème

(Pologne)

200 g de lentilles, 1 oignon, 50 g de beurre,
1 cuill. à soupe de chapelure, 200 g de
crème fraîche, 1 grand fagotin de cibou-
lette, sel, poivre du moulin, râpure de
muscade, vinaigre.
Temps de cuisson : env. 1 heure 30.
Tremper les lentilles env. 10 heures.
Contient env. 400 Kcal. = 1.674 Kjoules.

Tremper les lentilles env. 10 heures, puis
les verser avec l'eau de trempage dans la
cocotte RÖMERTOPF trempée. Mettre le
couvercle. Après 1 heure de cuisson, faire
suer l'oignon pelé et coupé en dés dans le
beurre. Mélanger délicatement la chapelure et la ciboulette ciselée avec la crème
fraîche et l'incorporer. Epicer avec sel, poivre, muscade et un peu de vinaigre.

Carottes aux fines herbes

(Bohême)

1000 g de carottes, 2 oignons, 50 g de
beurre, sel, 1 cuill. à café de sucre, poivre
du moulin, un peu de menthe déshydra-
tée, 1/4 l de bouillon instantané, 2 cuill.
à soupe de persil haché, 1 cuill. à soupe
de cerfeuil.
Temps de cuisson : env. 30 minutes.
Contient env. 200 Kcal. = 837 Kjoules.

Racler les carottes, puis bien les laver et
les couper en fines rondelles. Puis les déposer dans la cocotte RÖMERTOPF trempée avec les rondelles d'oignons. Saupoudrer de la moitié du beurre coupé en dés,
ainsi que de sel, sucre et poivre. Ajouter la
menthe. Mouiller avec le bouillon et mettre le couvercle. Rectifier l'assaisonnement
des légumes cuits avec sel, poivre et éventuellement encore du sucre. Affiner avec le
reste de beurre et les fines herbes.

Poivrons

(Hongrie)

1000 g de poivrons, si possible jaunes,
verts et rouges en mélange, 2 oignons,
2 gousses d'ail, paprika doux en pou-
dre, un peu de sucre, sel, 1 tasse de vin
blanc, 2 cuill. à soupe de beurre,
2 cuill. à soupe de persil haché, 125 g
de crème acidulée.
Temps de cuisson : env. 45 minutes.
Contient env. 200 Kcal. = 837 Kjoules.

Oter le pédoncule et la partie cernée
des poivrons, les épépiner, puis les
couper en quatre et les déposer dans la
cocotte RÖMERTOPF trempée. Ajouter les oignons hachés et l'ail pressé.
Saupoudrer de paprika en poudre, sucre et sel et mouiller avec le vin. Couper le beurre en dés et en parsemer les
légumes, puis mettre le couvercle.
Pour finir, mélanger avec le persil,
bien épicer avec du paprika en poudre
et arroser chaque portion de crème acidulée glacée.

Choux de Bruxelles

(Sud de l'Allemagne, Autriche)

600 g de choux de Bruxelles,
3 tomates, 3 oignons, sel, poivre du
moulin, râpure de muscade, 1 tasse de
bouillon instantané, 2 cuill. à soupe de
crème acidulée, 1 cuill. à soupe de
farine.
Temps de cuisson : env. 45 minutes.
Contient env. 150 Kcal. = 628 Kjoules.

Inciser en croix le trognon des choux
de Bruxelles. Couper les tomates et les
oignons en dés et mettre le tout avec
les choux dans la cocotte RÖMER-
TOPF trempée. Saupoudrer avec les
épices. Mélanger la crème acidulée et
le bouillon et en arroser les légumes.
Saupoudrer de farine. Mélanger le tout
délicatement et mettre le couvercle.

PORC
BOEUF
VEAU
AGNEAU
GIBIER
VOLAILLE
VARIATIONS
POISSON
LEGUMES
GARNITURES
SOUPES
GRATINS

Chou rouge

(Allemagne, Autriche)

750 g de chou rouge, 1/2 oignon, 50 g de
lard fumé maigre, 1/4 l de cidre, 1 cuill. à
café de sucre, 1 cuill. à soupe de vinaigre,
1 cuill. à soupe de gelée de groseilles, sel,
quelques grains de poivre, 1/2 feuille de
laurier, 1 cuill. à soupe de beurre.
Temps de cuisson : env. 1 heure.
Contient env. 250 Kcal. = 1.046 Kjoules.

Râper finement le chou rouge et le déposer dans la cocotte RÖMERTOPF trempée.
Couper le lard en lardons et l'oignon en
dés et les faire revenir dans la poêle, puis
les répartir sur le chou rouge. Mouiller
avec le cidre et épicer avec sucre, vinaigre,
gelée de groseilles, sel, grains de poivre et
feuille de laurier. Mettre le couvercle. Affiner le chou rouge cuit avec du beurre.

Choucroute

(Bohême)

1 boîte de choucroute, 1/4 l de jus de
pomme, 1 oignon, 2 baies de genièvre,
1 clou de girofle, quelques grains de
poivre, 1/2 feuille de laurier, 1 gousse
d'ail, 150 g de lard fumé maigre, 1 cuill. à
soupe de farine, 2 cuill. à soupe de beurre.
Temps de cuisson : entre 1-2 heures.
Contient env. 400 Kcal. = 1.674 Kjoules.

Emietter la choucroute à l'aide de 2 fourchettes et la déposer dans la cocotte RÖ-
MERTOPF trempée. Mouiller avec le jus
de pomme. Hacher l'oignon et mélanger
avec les épices et l'ail pressé. Couper le
lard en lardons, et les ajouter également
dans la cocotte. Mettre le couvercle. Mélanger la choucroute cuite avec la farine et affiner avec le beurre.

Choux-navets à la crème

(Suisse)

1000 g de choux-navets (également navets
jaunes), sel, beaucoup de poivre du mou-
lin, 2 cuill. à soupe de persil haché, 1 cuill.
à soupe de farine, 200 g de crème fraîche,
1 cuill. à café de moutarde.
Temps de cuisson : env. 45 minutes.
Contient env. 200 Kcal. = 835 Kjoules.

Peler les choux-navets, puis les émincer
grossièrement et les déposer dans la cocotte
RÖMERTOPF trempée. Saler et poivrer et
saupoudrer de persil et de farine. Mélanger
la crème fraîche avec la moutarde, en arroser les navets et mettre le couvercle.

Navets jaunes

(Nord de l'Allemagne)

1000 g de navets jaunes, 2 cuill. à soupe
de vinaigre, sel, 1 cuill. à soupe de sucre,
40 g de beurre, 50 g de crème fraîche,
poivre du moulin.
Temps de cuisson : env. 45 minutes.
Contient env. 200 Kcal. = 835 Kjoules.

Couper les navets en deux et les blanchir
pendant 5 minutes dans de l'eau salée vinaigrée, puis les déposer dans la cocotte
RÖMERTOPF trempée. Saupoudrer de sucre et coiffer de flocons de beurre. Arroser
avec la crème fraîche et bien poivrer. Mettre le couvercle.

Tomates étuvées

(Europe Centrale)

8 tomates, sel, poivre du moulin concassé,
1 cuill. à soupe de ciboulette ciselée,
3 cuill. à soupe de chapelure, 3 cuill. à
soupe de crème fraîche, 2 cuill. à soupe
de beurre.
Temps de cuisson : env. 30 minutes.
Contient env. 200 Kcal. = 835 Kjoules.

Eventuellement peler les tomates, les couper en deux horizontalement et les déposer dans la cocotte RÖMERTOPF trempée.

Epicer avec sel et poivre et saupoudrer de ciboulette. Répartir la chapelure et mouiller avec la crème fraîche. Coiffer de flocons de beurre et mettre le couvercle.

Chou blanc

(Bohême)

1000 g de chou blanc, 100 g de beurre,
4 cuill. à soupe de vin blanc, sel, du paprika doux et fort en poudre, cumin,
1 paquet de pâte à strudel.
Temps de cuisson : env. 60 minutes.
Contient env. 400 Kcal. = 1.674 Kjoules.

Râper le chou blanc en fines lanières. Faire revenir dans la moitié du beurre en remuant constamment. Mouiller avec le vin. Laisser évaporer et épicer le chou avec sel, paprika et cumin. Laisser refroidir légèrement. Déployer la pâte à strudel sur un torchon et badigeonner avec du beurre ramolli. Puis y répartir le chou blanc en veillant à laisser les bords libres. A l'aide du torchon, enrouler la pâte et refermer les petits bords. Déposer dans la cocotte RÖMERTOPF trempée et mettre le couvercle.

Pudding au chou frisé

(Hongrie)

700 g de chou frisé, 1 petit oignon, 50 g de beurre, 100 g de crème fraîche, 3 cuill. à soupe de cognac, 4 oeufs, 100 g de chapelure, sel, poivre du moulin, paprika doux, un peu de râpure de muscade.
Temps de cuisson : env. 60 minutes.
Contient env. 400 Kcal. = 1.674 Kjoules.

Préparer le chou frisé, couper les feuilles en fines lanières et les mélanger avec l'oignon haché. Beurrer la cocotte RÖMERTOPF trempée et y déposer le tout. Lisser la crème fraîche avec le cognac et les jaunes d'oeufs. Ajouter la chapelure et les blancs montés en neige. Epicer avec sel, poivre paprika et muscade. Répartir le tout sur le chou. Coiffer avec le reste de beurre coupé en petits dés. Mettre le couvercle.

Courgettes

(Hollande)

800 g de courgettes, le jus d'un citron, sel, beaucoup de poivre du moulin, 100 g de crème fraîche, tabasco, 100 g de fromage râpé doux comme le gouda ou l'édam, 2 cuill. à soupe de persil haché.
Temps de cuisson : env. 45 minutes.
Contient env. 200 Kcal. = 835 Kjoules.

Bien laver les courgettes, couper les extrémités et les couper en grosses tranches. Les déposer dans la cocotte RÖMERTOPF trempée. Arroser chaque couche avec du jus de citron, saler et poivrer. Epicer la crème fraîche avec du tabasco et la mélanger avec le fromage et le persil. Répartir le tout sur les courgettes. Mettre le couvercle.

Purée d'oignons

(Suisse)

800 g d'oignons, sel, 1 pincée de sucre, 100 g de jambon cru maigre, 1 cuill. à soupe de farine, beaucoup de poivre du moulin, 3 cuill. à soupe de crème fraîche, 1 tasse de bouillon instantané, 30 g de beurre.
Temps de cuisson : env. 45 minutes.
Contient env. 200 Kcal. = 835 Kjoules.

Déposer les rondelles d'oignons dans la cocotte RÖMERTOPF trempée.

PORC
BOEUF
VEAU
AGNEAU
GIBIER
VOLAILLE
VARIATIONS
POISSON
LEGUMES
GARNITURES
SOUPES
GRATINS

Saler et saupoudrer de sucre. Couper le jambon en très fines lanières et parsemer sur les oignons. Saupoudrer de farine et poivrer généreusement. Arroser avec la crème fraîche et le bouillon. Mettre le couvercle. Pour finir, bien mélanger le tout, ainsi les oignons sont réduits en purée. Affiner avec le beurre et rectifier l'assaisonnement.

Pour avoir un plat délicieux et très aromatisé, il faut sélectionner les meilleurs légumes. Des légumes frais et bien mûrs sont les garants de la réussite. Quel est l'endroit où ils peuvent pleinement mûrir avec un maximum de soleil si ce n'est le pourtour méditerranéen ?
La diversité et le choix des meilleures préparations doivent vous inciter à expérimenter de nouvelles recettes. Tous les légumes accompagnent à merveille les viandes express, mais ils sont également délicieux dégustés sans viande. Dans certaines recettes la viande est cuisinée en même temps que les légumes.
Dans les pays du Sud, le riz est l'accompagnement le plus fréquent, mais le pain suffit largement. Vous pouvez naturellement accompagner de toutes sortes de plats de pommes de terre.

Fenouil gratiné
(Italie)

4 bulbes de fenouil, 1/2 tasse de bouillon instantané, 1/2 tasse de vin blanc, 100 g de mozzarella, 50 g de parmesan, 50 g de beurre, poivre du moulin.
Temps de cuisson : env. 45 minutes.
Contient env. 250 Kcal. = 1.046 Kjoules.

Bien laver les bulbes de fenouil (bien écarter avec les doigts pour également ôter la saleté entre les feuilles, puis les couper dans le sens de la longueur et les déposer dans la cocotte RÖMERTOPF trempée. Mouiller avec le bouillon et le vin et mettre le couvercle. Après env. 30 minutes recouvrir avec des tranches de mozzarella, saupoudrer avec du parmesan et des flocons de beurre. Bien poivrer.

Petits pois au sherry
(Espagne)

600 g de petits pois surgelés, 2 tomates, 2 pommes de terre, 2 oignons, 2 gousses d'ail, 2 cuill. à soupe d'huile d'olive, 1/2 feuille de laurier, un peu de thym, sel, poivre du moulin, 100 ml de sherry sec, 100 g de jambon cru maigre.
Temps de cuisson : env. 45 minutes.
Contient env. 300 Kcal. = 1.255 Kjoules.

Verser les petits pois dans la cocotte RÖMERTOPF trempée. Peler les tomates, puis les couper en rondelles. Eplucher les pommes de terre, les couper en petits dés et les ajouter aux petits pois. Couper en dés les oignons et l'ail et les faire suer dans l'huile, puis les ajouter également dans la cocotte. Saupoudrer avec les épices et mouiller avec le sherry. Recouvrir avec le jambon coupé en dés et mettre le couvercle.

Aubergines farcies
(Turquie)

"Le Sultan est ravi" tel est le nom original de ce délicieux plat.

2 aubergines, sel, 1 oignon, 2 gousses d'ail, 2 cuill. à soupe d'huile d'olive,

1/2 boîte de tomates pelées, poivre du
moulin, un peu de cannelle, 1/4 de feuille
de laurier, 1 cuill. à soupe de raisins secs,
50 g d'olives, 1 bouquet de persil, 1/2
tasse de bouillon instantané, 2 cuill.
à soupe de pâte d'anchois, le jus
d'1/2 citron.
Temps de cuisson : env. 45 minutes.
Contient env. 150 Kcal. = 627 Kjoules.

Eplucher les aubergines avec un couteau
bien aiguisé, puis les couper en deux dans
le sens de la longueur. Puis retirer env. la
moitié de la chair (de préférence avec une
cuillère spéciale pour pamplemousse). Saler les aubergines. Après 10 minutes, les
rincer sous l'eau pour en ôter l'amertume
et les déposer dans la cocotte RÖMER-
TOPF trempée. Faire revenir la chair des
aubergines avec les dés d'oignon et les
gousses d'ail dans l'huile. Ajouter les tomates et faire réduire en remuant constamment. Mélanger cette masse avec les
épices et les raisins secs. Ajouter également les olives et le persil finement haché,
puis en farcir les aubergines. Mélanger le
bouillon avec la pâte d'anchois et le jus de
citron, en arroser les aubergines et mettre
le couvercle.

Haricots verts

(Espagne)

1000 g de haricots verts, 125 g de lard
fumé gras, 6 tomates, 1/4 l de bouillon
instantané, 3 gousses d'ail, un peu
d'origan, sel, poivre du moulin.
Temps de cuisson : env. 1 heure.
Contient env. 300 Kcal. = 1.256 Kjoules.

Casser grossièrement les haricots verts.
Couper le lard en lardons et les rôtir dans
la poêle, puis déposer le tout dans la cocotte RÖMERTOPF trempée. Recouvrir
avec les tomates pelées coupées en quarts
et les haricots. Mélanger le bouillon avec
l'ail pressé, l'origan, le sel et le poivre et
en arroser les légumes.

Cocos blancs

(Italie)

200 g de cocos blancs, 200 g de poitrine
de porc fumée, 2 oignons, 2 gousses
d'ail, 2 cuill. à soupe d'huile d'olive,
200 g de tomates, 1 pincée de sauge,
1/2 bouquet de persil, sel, poivre du
moulin, 1/2 l de vin blanc.
Temps de cuisson : env. 2 heures 30 à 180°C.
Tremper les cocos 10 heures.
Contient env. 550 Kcal. = 2.300 Kjoules.

Tremper les cocos 10 heures, puis les
verser dans la cocotte RÖMERTOPF
trempée. Couper le lard en gros lardons. Hacher grossièrement les oignons et l'ail et les ajouter avec les ingrédients restants aux cocos. Mettre le
couvercle.

Concombres étuvés

(Croatie)

600 g de concombres, 300 g de
tomates, 200 g d'oignons, sel, poivre
du moulin, 100 g de lard fumé maigre,
2 gousses d'ail, 2 cuill. à café de farine,
125 g de crème acidulée, 2 cuill. à
soupe de jus de citron, 2 cuill. à soupe
de persil haché.
Temps de cuisson : env. 45 minutes.
Contient env. 200 Kcal. = 835 Kjoules.

Eplucher les concombres, peler les tomates, ainsi que les oignons. Couper le
tout en morceaux et verser dans la cocotte RÖMERTOPF trempée, puis saler
et poivrer. Couper le lard en lardons et
le faire revenir dans la poêle avec l'ail
haché, puis verser dans la cocotte. Saupoudrer de farine et arroser de crème
acidulée. Pour finir, saler et poivrer.

PORC
BOEUF
VEAU
AGNEAU
GIBIER
VOLAILLE
VARIATIONS
POISSON
LEGUMES
GARNITURES
SOUPES
GRATINS

Arroser de jus de citron et saupoudrer de persil.

Pois chiche

(Maroc)

200 g de pois chiche, 2 oignons, 2 gousses d'ail, 2 cuill. à soupe d'huile, 50 g de raisins secs, 1/2 cuill. à café de curcuma, 1/4 l de bouillon instantané, un peu de cannelle et de gingembre en poudre, 50 g d'amandes hachées, 50 g d'olives noires, sel, beaucoup de poivre du moulin.
Temps de cuisson : env. 1 heure.
Tremper les pois chiche 12 heures.
Contient env. 400 Kcal. = 1.674 Kjoules.

Verser les pois chiche préalablement trempés dans la cocotte RÖMERTOPF trempée. Peler les oignons et l'ail et les couper grossièrement en dés, puis les faire revenir dans l'huile. Les incorporer dans la cocotte avec les épices et les raisins secs. Mouiller avec le bouillon et mettre le couvercle. Ajouter en dernier les amandes et les olives, saler et poivrer.

Potée aux poireaux

(Turquie)

1000 g de gros fûts de poireaux, 2 oignons, 150 g de tartare, 50 g de riz cuit, 50 g d'amandes grossièrement moulues, 1 gousse d'ail, 1/2 cuill. à café de cumin, sel, paprika doux en poudre, 1 cuill. à café de persil finement haché, 1 boîte de tomates pelées, 2 cuill. à soupe d'huile.
Temps de cuisson : env. 1 heure.
Contient env. 250 Kcal. = 1.046 Kjoules.

Oter les racines et les parties vertes des poireaux, puis les couper en deux dans le sens de la longueur. Bien laver et écarter les feuilles sous l'eau avant de les déposer dans la cocotte RÖMERTOPF trempée. Peler les oignons, puis les hacher finement et les malaxer avec le tartare, le riz et les

amandes. Bien épicer avec l'ail pressé, le cumin, sel et paprika. Répartir cette masse sur les fûts de poireaux et ajouter les tomates. Arroser la farce avec l'huile et mettre le couvercle.

Carottes au vin

(Espagne)

800 g de carottes, 2 gousses d'ail, 2 cuill. à soupe d'huile d'olive, 1 cuill. à soupe de raisins secs, sel, poivre du moulin, un peu de cumin et de menthe, 1 pincée de cannelle en poudre, 1 cuill. à café de sucre, 1/4 l de vin blanc sec, 2 cuill. à soupe de persil haché.
Temps de cuisson : env. 45 minutes.
Contient env. 150 Kcal. = 627 Kjoules.

Racler les carottes, puis les émincer et les déposer dans la cocotte RÖMERTOPF trempée. Presser l'ail, mélanger avec l'huile et en arroser les carottes. Saupoudrer de raisins secs et de toutes les épices. Mouiller avec le vin. Rectifier l'assaisonnement une fois la cuisson terminée et parsemer de persil.

Poivrons au fromage

(Slovénie)

1000 g de poivrons, 250 g de crème acidulée, 400 g de fromage de brebis, 3 oeufs, beaucoup de poivre du moulin, 4 cuill. à soupe de persil haché.
Temps de cuisson : env. 1 heure.
Contient env. 400 Kcal. = 1.674 Kjoules.

Laver les poivrons, les couper en deux et ôter le trognon, les parties blanches, ainsi que les pépins. Verser la crème acidulée dans la cocotte RÖMERTOPF trempée et recouvrir avec les demis poivrons. Lisser tous les autres ingrédients. En farcir les poivrons. Mettre le couvercle.

Champignons à la crème

(Italie)

600 g de champignons des bois au choix,
1 oignon, 2 cuill. à soupe d'huile d'olive,
1 tasse de vin blanc, 1 cuill. à soupe
d'estragon frais ou 1 cuill. à café d'estragon déshydraté, 1 pincée de menthe déshydratée, 2 cuill. à soupe de persil haché,
sel, 200 g de crème fraîche, 4 filets
d'anchois, 2 cuill. à soupe de jus de citron.
Temps de cuisson : env. 30 minutes.
Contient env. 250 Kcal. = 1.046 Kjoules.

Déposer les champignons préparés dans
la cocotte RÖMERTOPF trempée. Hacher
l'oignon et le faire suer dans l'huile, puis
en parsemer les champignons. Mouiller
avec le vin et saupoudrer de fines herbes
et de sel. Mélanger la crème fraîche avec
les filets d'anchois écrasés et le jus de citron et en arroser les légumes. Mettre le
couvercle.

Céleri (en branches) étuvé

(Italie)

Comme le fenouil gratiné dont la recette
se trouve page 120.

Epinards et bettes

En milieu méditerranéen on privilégie les
bettes qui sont également en vente dans
nos régions.

800 g de bettes ou d'épinards, 1/2 boîte de
tomates pelées, 2 oignons, 2 gousses d'ail,
2 cuill. à soupe d'huile, sel, 2 petits
piments, 2 cuill. à soupe de feuilles de
persil hachées ou de céleri-rave, 50 g de
fromage de brebis.
Temps de cuisson : env. 40 minutes.
Contient env. 200 Kcal. = 835 Kjoules.

Effeuiller les bettes ou épinards, bien les
nettoyer et les couper en larges lanières,
puis les déposer dans la cocotte RÖMER-
TOPF trempée. Ajouter les tomates. Peler
les oignons et l'ail, les hacher et les
faire revenir dans l'huile, puis saler.
Hacher finement les piments et les
fines herbes et les incorporer aux légumes. Couper le fromage en dés
et l'ajouter également. Mettre le
couvercle.

Ragoût aux tomates "Savarin"

(France)

1000 g de tomates charnues, 1 boîte de
concentré de tomates, 100 g de crème
fraîche, sel, poivre du moulin, gingembre en poudre, 1/2 cuill. à café de
sucre, 3 cuill. à soupe de cognac.
Temps de cuisson : env. 30 minutes.
Contient env. 150 Kcal. = 627 Kjoules.

Laver les tomates, ôter le pédoncule et
la partie cernée et les ébouillanter, puis
les peler et les couper en quarts avant
de les déposer dans la cocotte RÖMER-
TOPF trempée. Mélanger les ingrédients restants, en arroser les tomates
et mettre le couvercle.

Chou blanc ou frisé épicé

(Liban)

1000 g de chou blanc si possible jeune,
2 oignons, 2 gousses d'ail, 2 cuill. à
soupe d'huile, un peu de piment et du
cumin, sel, paprika doux en poudre,
2 cuill. à soupe de jus de citron, 2 cuill.
à soupe de persil haché, 1 cuill. à
soupe de raisins secs, 125 g de yaourt.
Temps de cuisson : env. 40 minutes.
Contient env. 150 Kcal. = 627 Kjoules.

Préparer le chou blanc, puis le couper
grossièrement et le déposer avec les oignons et l'ail hachés dans la cocotte
RÖMERTOPF trempée. Mélanger le
reste des ingrédients et en arroser le
chou.

PORC
BOEUF
VEAU
AGNEAU
GIBIER
VOLAILLE
VARIATIONS
POISSON
LEGUMES
GARNITURES
SOUPES
GRATINS

Chou épicé

(Turquie)

Saupoudrer le chou avec 125 g de tartare. Mélanger 1/4 l de bouillon instantané avec 1 cuill. à soupe de concentré de tomates et 2 oeufs. Épicer avec sel et poivre et en arroser le chou. Durant les dernières 15 minutes saupoudrer de 100 g de fromage de brebis grossièrement émietté.

Courgettes étuvées

(Grèce)

1000 g de courgettes, sel, 3 cuill. à soupe
d'huile, 3 gousses d'ail, 3 oignons, un peu
de cumin, un peu de menthe, de paprika
doux en poudre, 4 cuill. à soupe de riz,
2 tasses de bouillon instantané, le jus
d'1 citron, 2 oeufs.
Temps de cuisson : env. 40 minutes.
Contient env. 200 Kcal. = 834 Kjoules.

Oter les extrémités des courgettes, puis les couper en rondelles avant de les déposer dans la cocotte RÖMERTOPF trempée. Saupoudrer de sel. Chauffer l'huile dans une poêle et y faire suer l'ail et les oignons hachés, puis verser sur les courgettes. Epicer, parsemer de fines herbes et de riz et mouiller avec le bouillon. Avant de servir, incorporer au plat encore très chaud les oeufs brouillés et salés avec le jus de citron.

Oignons étuvés à l'aigre-douce

(France)

800 g d'oignons grelots, 2 cuill. à soupe
d'huile d'olive, 1 cuill. à café de sucre, le
jus d'un citron, 2 cuill. à soupe de persil
haché, 1 tasse de tomates pelées, 1 petite
boîte de bouillon instantané corsé.
Temps de cuisson : env. 40 minutes.
Contient env. 150 Kcal. = 627 Kjoules.

Peler les oignons et les faire revenir dans l'huile, laisser roussir légèrement en ajou-

tant le sucre, puis déposer avec tous les autres ingrédients dans la cocotte RÖMERTOPF trempée. Mettre le couvercle.

Ratatouille

(France)

Se déguste à chaud ou à froid.

A chaque fois env. 200 g de poivrons,
de courgettes, d'aubergines et d'oignons,
4 gousses d'ail, 4 tomates, sel, poivre du
moulin, 2 cuill. à soupe de persil haché,
1 cuill. à café d'herbes de Provence déshy-
dratées, 1/8 l de vin blanc, 2 cuill. à soupe
d'huile d'olive.
Temps de cuisson : env. 1 heure 30 à 180°C.
Contient env. 150 Kcal. = 627 Kjoules.

Préparer tous les légumes, puis les couper grossièrement et les déposer dans la cocotte RÖMERTOPF trempée. Ajouter les tomates. Saupoudrer avec les épices et les herbes de Provence. Arroser avec le vin et l'huile et mettre le couvercle.

Légumes en mélange

(Espagne)

Mélanger les légumes cuits encore très chauds avec 1 oeuf cru brouillé.

Légumes en mélange

(Turquie)

voir illustration page 113

Mélanger du yaourt sous les légumes cuits, rectifier éventuellement l'assaisonnement avec de l'ail et du curcuma.

Crêpes aux champignons

(Brésil)

Préparer les crêpes suivant notre recette des rouleaux de printemps page 99 et les farcir avec 300 g de champignons coupés en petits morceaux et mélangés avec beaucoup d'oignons hachés le tout revenu dans l'huile, 2 jaunes d'oeufs, le blanc monté en neige, sel et beaucoup de poivre.

Haricots rouges ou noirs piquants

(Mexique)

300 g de haricots noirs secs ou rouges,
1 oignon, 1 piment, 200 g de maïs en
conserve, 1 cuill. à soupe de saindoux, sel,
un peu de menthe fraîche ou séchée,
tabasco.
Temps de cuisson : env. 2 heures.
Tremper les haricots 10 heures.
Contient env. 300 Kcal. = 1.255 Kjoules.

Tremper les haricots env. 10 heures, puis les égoutter et les verser avec de l'eau fraîche dans la cocotte RÖMERTOPF trempée. Peler l'oignon, le hacher et l'ajouter aux haricots avec le piment. Mettre le couvercle. Entre-temps, bien égoutter le maïs et le faire revenir dans le saindoux. L'ajouter après 1 heure 30 de cuisson. Laisser étuver le liquide de la cocotte en ôtant le couvercle. Bien épicer le plat avec sel, menthe et tabasco.

Accompagner d'une galette de pain.

Potée exotique aux germes de soja

(Inde)

Un accompagnement peu banal avec la viande grillée.

1 gros chou-fleur, 100 g de pommes de
terre, un peu de gingembre en poudre,
2 gousses d'ail, 1 gros oignon, sel,
2 cuill. à soupe d'huile, poivre du
moulin, tabasco, un peu de curcuma et
de cumin, 1 pincée de coriandre,
1 cuill. à soupe de jus de citron, 200 g
de germes de soja frais ou en saumure.
Temps de cuisson : env. 45 minutes.
Contient env. 150 Kcal. = 627 Kcal.

Détailler le chou-fleur en rosettes et bien les laver. Eplucher les pommes de terre et les couper en petits morceaux. Les déposer avec les rosettes dans la cocotte RÖMERTOPF trempée. Saupoudrer de gingembre en poudre, d'ail pressé, de sel et d'oignons coupé en dés. Mélanger l'huile avec les épices et le jus de citron, affiner avec 1/4 l d'eau chaude et en arroser le chou-fleur. Mettre le couvercle. Ajouter les germes de soja 10 minutes avant la fin de la cuisson.

Accompagner de riz au paprika.

PORC

BOEUF

VEAU

AGNEAU

GIBIER

VOLAILLE

VARIATIONS

POISSON

LEGUMES

GARNITURES

SOUPES

GRATINS

MES RECETTES PERSONNELLES
POUR LA COCOTTE RÖMERTOPF :

PREPARATION :

INGREDIENTS :

PREPARATION :

INGREDIENTS :

PREPARATION :

INGREDIENTS :

ACCOMPAGNEMENTS
A BASE DE POMMES DE TERRE,
RIZ ET SEMOULE

PORC

BOEUF

VEAU

AGNEAU

GIBIER

VOLAILLE

VARIATIONS

POISSON

LEGUMES

GARNITURES

SOUPES

GRATINS

Préparez-vous rapidement le plat de résistance
dans la poêle ?

Alors la cocotte RÖMERTOPF est libre pour accueillir des
accompagnements délicieux et savoureux. Cette fois-ci,
nous nous sommes inspirés des spécialités d'Europe centrale et d'Europe du Nord pour les adapter à la cuisson de
la cocotte RÖMERTOPF qui en constitue une subtile va-
riante. Dans la cuisine méditerranéenne, les accompagnements cuits au four sont rares.

Les pommes de terre sont délais-
sées au profit de plats à
base de riz ou de se-
moule, et c'est gé-
néralement le
pain qui ac-
compagne la
viande et les
légumes.

Pommes de terre

Il est bien connu que les pommes de terre perdent beaucoup de vitamines et de sels minéraux en les cuisant à l'eau et que le goût en est ainsi altéré.
Si celles-ci sont cuites dans les braises, elles préservent tout leur arôme et chacun les appréciera. Vous aussi, vous pouvez découvrir ce goût inimitable avec la cocotte RÖMERTOPF. Surprenez ainsi tous les gourmets parmi vos amis, votre famille et, bien entendu, surprenez-vous vous-même.

10 pommes de terres farineuses si possible de taille égale, 2 cuill. à soupe de beurre, sel, poivre du moulin, éventuellement un peu de cumin.
Temps de cuisson : env. 75 minutes.
Valeur nutritive en fonction de la grosseur des pommes de terre.

Eplucher les pommes de terre et les déposer l'une à côté de l'autre dans la cocotte RÖMERTOPF trempée. Coiffer de flocons de beurre, saler, poivrer et saupoudrer éventuellement de cumin. Mettre le couvercle.

Naturellement les pommes de terre peuvent se cuisiner ainsi :

Purée de pommes de terre particulièrement aromatisée

Eplucher les pommes de terre, les couper en quarts, les saler et les poivrer. Les cuire avec 2 tasses de lait dans la cocotte RÖMERTOPF trempée comme indiqué ci-dessus. Après le cuisson, mélanger simplement le tout.

Goulasch aux pommes de terre

800 g de pommes de terre, 250 g d'oignons, 50 g de beurre clarifié, sel, poivre du moulin, cumin, paprika, marjolaine, 1/4 l de bouillon instantané.
Temps de cuisson : env. 1 heure.
Contient env. 250 Kcal. = 1.046 Kjoules.

Eplucher les pommes de terre, les laver et les couper en rondelles, puis les déposer dans la cocotte RÖMERTOPF trempée. Peler les oignons, les hacher et les faire suer dans le beurre clarifié. Les répartir ensuite sur les pommes de terre. Saupoudrer avec les épices, mouiller avec le bouillon et ajouter encore un peu d'eau jusqu'à ce que les pommes de terre soient recouvertes de moitié.

Pommes de terre et poireaux

(Belgique)

Répartir dans la cocotte RÖMERTOPF trempée par couches successives des rondelles de pommes de terre et des rondelles de poireaux. Mouiller avec du bouillon instantané et parsemer avec beaucoup de persil haché et de fines herbes en mélange.

Gâteau de pommes de terre

(Russie)

800 g de pommes de terre cuites suivant recette de base dans la cocotte RÖMERTOPF, 4 oeufs, 100 g de crème acidulée, sel, paprika en poudre, 2 cuill. à soupe de persil haché, 40 g de beurre.
Temps de cuisson : env. 45 minutes.
Contient env. 250 Kcal. = 1.046 Kjoules.

Emietter les pommes de terre avec une fourchette et lisser avec les jaunes d'oeufs

et la crème acidulée. Battre les blancs d'oeufs en neige et les incorporer.
Bien épicer avec sel et paprika et parsemer de persil. Avec la moitié du beurre, beurrér la cocotte RÖMERTOPF trempée suivant les indications de la préface, puis y verser la masse aux pommes de terre et parsemer de petits dés de beurre restant. Mettre le couvercle. Durant les 10 dernières minutes de cuisson retirer le couvercle.

Pommes de terre à la savoyarde

800 g de pommes de terre, 100 g
d'oignons, 100 g d'emmental, 50 g de
beurre, 1/4 l de bouillon, sel, poivre du
moulin, râpure de muscade, 1 tasse de
bouillon instantané corsé.
Temps de cuisson : env. 1 heure.
Contient env. 350 Kcal. = 1.465 Kjoules.

Peler les pommes de terre, puis les couper en rondelles. Peler les oignons, puis les hacher. Couper le fromage en fines tranches. Faire revenir les oignons dans le beurre chaud et les déposer dans la cocotte RÖMERTOPF trempée avec alternativement une couche de pommes de terre et une couche de fromage. Saupoudrer entre chaque couche et à la surface les fines herbes. Mouiller avec le bouillon et mettre le couvercle.
Si vous ajouter durant les 10 dernières minutes de cuisson des rondelles de saucisse sur les pommes de terre et que vous poursuivez la cuisson sans couvercle, il vous suffit d'accompagner d'une salade verte et vous obtiendrez un fabuleux repas complet.

Röstis suisses

800 g de pommes de terre cuites et refroi-
dies, 3 oignons, 2 cuill. à soupe de beurre,
1/8 l de crème acidulée, sel, un peu de
râpure de muscade.
Temps de cuisson : env. 45 minutes.
Contient env. 300 Kcal. = 1.256 Kjoules.

Peler les pommes de terre, puis les râper grossièrement et les déposer dans la cocotte RÖMERTOPF trempée. Peler les oignons, les hacher et les faire revenir briève-

ment dans le beurre, puis répartir sur les pommes de terre. Epicer la crème acidulée avec sel et muscade et en arroser les pommes de terre. Mettre le couvercle.

"Stovies" de pommes de terre à l'anglaise

Il faut utiliser des pommes de terre crues et coupées en rondelles. Remplacer la crème acidulée par 4 cuill. à soupe de bouillon instantané, 1 feuille de laurier broyée entre les doigts, quelques grains de poivre. Saupoudrer également du sel et du persil haché entre les rondelles de pommes de terre.

Temps de cuisson : une bonne heure.

Pommes de terre au cumin à la hollandaise

700 g de pommes de terre cuites,
1 cuill. à soupe de beurre, 125 g de
gouda vieux, sel, poivre du moulin,
cumin, fines herbes fraîches hachées
en mélange ou surgelées.
Temps de cuisson : env. 45 minutes.
Contient env. 250 Kcal. = 1.046 Kjoules.

Peler les pommes de terre, les couper horizontalement en deux et les déposer l'une contre l'autre dans la cocotte RÖMERTOPF trempée préalablement beurrée. Râper grossièrement le fromage et en saupoudrer les pommes de terre. Parsemer de fines herbes et épicer. Mettre le couvercle. Durant les 10 dernières minutes ôter le couvercle. Accompagner de salade verte ou de légumes.

Pommes de terre au fromage

(Scandinavie)

Remplacer le fromage râpé par des dés de fromage frais double crème. Dans le Nord, on utilise l'aneth en guise de fines herbes.

PORC

BOEUF

VEAU

AGNEAU

GIBIER

VOLAILLE

VARIATIONS

POISSON

LEGUMES

GARNITURES

SOUPES

GRATINS

Riz

Le riz doit être sec et ne pas coller.
Cela est très difficile à faire si on le cuit sur le feu car il y a risque de le brûler. Cela se passe sans difficultés dans la cocotte RÖMERTOPF et les connaisseurs l'apprécient ainsi. Avec cette cocotte, il ne faut pas constamment surveiller la cuisson du riz. Très peu de liquide et une chaleur douce suffisent à cuire le riz et, de plus, sans le mélanger.

Riz - recette de base

Temps de cuisson : 40 minutes

Laver 3 tasses de riz, puis l'égoutter en le versant dans un tamis, puis le verser dans la cocotte RÖMERTOPF trempée. Mouiller avec 4 tasses et demi de bouillon instantané ou d'eau que vous pouvez également épicer avec du curry en poudre. Mettre le couvercle. Durant les 10 dernières minutes retirer le couvercle et laisser évaporer. Mélanger délicatement un peu de beurre et/ou du persil haché.

Riz pilaf

Faire suer dans 1 cuill. à soupe de beurre ou d'huile d'olive 1 oignon haché, ajouter le riz et laisser mijoter jusqu'à ce qu'il soit transparent, mais qu'il n'ait aucunement bruni. Laisser cuire 5 minutes, puis le verser dans la cocotte RÖMERTOPF cette fois trempée dans l'eau tiède et mettre le couvercle.

Un temps de cuisson de 30 minutes suffit.

Riz aux champignons

Préparer 250 g de champignons, puis les émincer et les ajouter au riz.

"Risi bisi"

Mélanger au riz 250 g de petits pois surgelés. Epicer avec de l'estragon et un peu de fromage râpé.

Pommes de terre en papillotes

(France)

Il n'y a pas que les Français qui les aiment. Toutefois il ne faut pas cuire les pommes de terre dans des papillotes en aluminium, mais les cuire dans la cocotte RÖMERTOPF trempée.

Temps de cuisson : une bonne heure.
Valeur nutritive selon grosseur des pommes de terre.

Par personne, bien brosser 2 pommes de terre moyennes farineuses. Les inciser sur le dessus en forme de croix et les déposer dans la cocotte RÖMERTOPF trempée. Mettre le couvercle. A l'emplacement des incisions, les pommes de terre cuites sont complètement fendillées. Les coiffer de flocons de beurre à cet endroit. Accompagner de crème acidulée froide ou de crème fraîche, saler et poivrer. Ajouter encore des flocons de beurre bien froid.

Pommes de terre aux fines herbes

(Espagne)

800 g de pommes de terre, 4 cuill. à soupe
d'huile d'olive, 1 oignon, 2 gousses d'ail,
sel, poivre du moulin, 1 bouquet de persil,
un peu d'origan, 1/2 l de bouillon
instantané.
Temps de cuisson : env. 1 heure.
Contient env. 200 Kcal. = 838 Kjoules.

Peler les pommes de terre, les couper en quarts, puis en tranches épaisses et les tamponner à sec avec du papier absorbant.

Les rôtir dans l'huile en les retournant constamment. Ajouter l'oignon et l'ail pelés. Déposer le tout dans la cocotte RÖMERTOPF trempée, saler, poivrer et saupoudrer de persil haché et d'origan. Mouiller avec le bouillon et mettre le couvercle.

Pâtes aux oeufs

(France)

Temps de cuisson : env. 20 minutes.

Par personne mélanger env. 100 g de pâtes cuites (utiliser des restes) avec 1 oeuf brouillé, sel, poivre du moulin, un peu de râpure de muscade et 1 cuill. à soupe de persil haché ou de ciboulette ciselée. Verser la masse dans la cocotte RÖMERTOPF trempée auparavant beurrée, parsemer de flocons de beurre et mettre le couvercle.

Polenta

(Italie)

Sel, 200 g de semoule de maïs, poivre du moulin, 1 oignon, 50 g de beurre, 100 g de parmesan râpé.
Temps de cuisson : une bonne heure.
Contient env. 350 Kcal. = 1.465 Kjoules.

Verser 600 ml d'eau salée dans la cocotte RÖMERTOPF trempée et y mélanger la semoule. Mettre le couvercle. Après 45 minutes, bien mélanger le tout. Peler l'oignon, le hacher et le faire revenir dans le beurre. L'ajouter dans la cocotte avec le fromage.
Se déguste également froid (coupée en tranches) et rôtie dans le beurre.

Accompagner de légumes en rondelles comme les courgettes ou les tomates.

Polenta aux tomates à l'italienne

Utiliser seulement 400 ml d'eau et 1 petite boîte de tomates pelées.

Gnocchis au four

(Italie), illustration voir page 127

1/2 l de lait, 125 g de semoule, sel,
100 g de parmesan râpé, 50 g de beurre, 1 gros oeuf.
Temps de cuisson : env. 30 minutes.
Contient env. 400 Kcal. = 1.674 Kjoules.

Porter le lait à ébullition, saler et incorporer lentement la semoule en remuant constamment jusqu'à obtention d'une masse solide. Incorporer 2 cuill. à soupe de parmesan et 2 cuill. à soupe de beurre. Ajouter en dernier l'oeuf. Laisser refroidir. Tremper la cocotte RÖMERTOPF suivant les indications dans la préface et former, à l'aide d'une cuillère à soupe régulièrement trempée dans l'eau froide, de petits gnocchis avec la semoule, puis les déposer dans la cocotte RÖMERTOPF trempée. Former des flocons avec le reste de beurre et saupoudrer avec le fromage restant. Mettre le couvercle. Durant les 5 dernières minutes de cuisson retirer le couvercle.

PORC
BOEUF
VEAU
AGNEAU
GIBIER
VOLAILLE
VARIATIONS
POISSON
LEGUMES
GARNITURES
SOUPES
GRATINS

Couscous
(Afrique du Nord)

Le couscous est un "cousin" de la polenta européenne, mais il ne se fait pas à partir de semoule de maïs, il est réalisé avec des gruaux de blé. Ces ingrédients se trouvent dans les magasins de spécialités étrangères, dans les magasins diététiques ou les grandes surfaces. On prépare le couscous selon les recettes de la polenta. Cuire le couscous avec des dés d'oignons, des dés de carottes et des morceaux de courgettes. Mouiller avec un bouillon de légumes. Avant de servir, saupoudrer de persil et de flocons de beurre.
Très décoratif : servir le couscous dans une feuille de chou frisé.

Riz international

Nos spécialités sont réalisées suivant la recette de base page 130.

Risotto, Italie

Pour une quantité de base de 3 tasses de riz, mouiller avec 3 tasses et demi de bouillon instantané et 1 tasse de vin blanc. Epicer avec du safran. Ajouter à la cuisson 1 os à moelle. Affiner et déposer des flocons de beurre autour de la moelle coupée en petits morceaux. Eventuellement ajouter encore un peu de parmesan râpé.

Riz, France

Ajouter le jus d'un citron. Le riz est ainsi bien épicé et reste parfaitement blanc.

Les variantes suivantes avec des raisins secs et des dattes, c'est-à-dire avec des ingrédients sucrés, accompagnent à merveille la viande et des mets épicés. Essayez pour voir !

Riz aux amandes, Est de la côte méditerranéenne

Pour 250 g de riz, ajouter 50 g de raisins secs, 50 g d'amandes hachées et 1 pincée de curcuma.

Riz aux dattes, Turquie

Pour 250 g de riz, ajouter 50 g de dattes séchées coupées en petits morceaux, un peu de safran et 50 g de pignons.

MES RECETTES PERSONNELLES
POUR LA COCOTTE RÖMERTOPF :

PREPARATION :

INGREDIENTS :

DELICIEUSES
SOUPES ET POTEES AU
GOUT TRES RAFFINE

Les soupes ne sont pas obligatoirement un plat vite préparé.
Ce n'est que lorsque vous les laissez mijoter longuement,
qu'elles déploient toute leur saveur. Les soupes aux légumes secs, qui justement ont un temps de cuisson plus ou
moins important, nécessitent une méthode de cuisson qui
évite toute surveillance. La cocotte RÖMERTOPF est idéale
pour ce genre de préparation. La même chose est valable
pour les potées. Les amateurs de bonne chère les apprécient
de plus en plus.
Ils savent qu'une
vraie potée néces-
site des heures et
des heures de cuis-
son durant les-
quelles les ingré-
dients peuvent
tranquillement
mijoter afin de
déployer toute
leur saveur.

Votre cocotte RÖMERTOPF ne laisse pas échapper la vapeur et vous évite toutes les complications d'une cuisson sur plaque. La potée cuit à l'étuvée dans la cocotte déposée dans le four sans attacher et ne nécessite aucune surveillance. Les potées réalisées dans la cocotte RÖMERTOPF ont un goût exceptionnel. Au fait, on ne peut pas faire cuire suffisamment une potée. Si vous laissez mijoter votre potée pendant quatre ou cinq heures dans votre cocotte RÖMERTOPF, elle n'en sera que meilleure.

Délicieuse soupe aux pois

100 g de pois cassés, 150 g de kassler, un
os à moelle, 3 pommes de terre, 1 grand
bouquet de persil, 1/4 l de vin blanc,
des épices pour potage.
Temps de cuisson : env. 2 heures 30
Tremper les pois cassés pendant 10 heures au
préalable
Valeur nutritive : env. 500 Kcal = 2.093
Kjoules

Mettre les pois préalablement trempés et l'eau dans la cocotte RÖMERTOPF. Couper le kassler en gros dés et les mélanger avec l'os à moelle, les pommes de terre épluchées et coupées et quelques branches de persil. Fermer la cocotte RÖMERTOPF. Après 2 heures, retirer les branches de persil. Arroser avec le vin, mélanger et rectifier l'assaisonnement de la soupe avec les épices pour potage. Servir la soupe avec la moelle dégagée de l'os et coupée en petits dés et du persil finement coupé.

Soupe de pommes de terre épaisse

50 g de lard fumé maigre, 200 g de viande
de boeuf hachée, 1 bouquet garni, 400 g de
pommes de terre, 1 l de bouillon instanta-
né, de la marjolaine, du poivre du moulin,
sel, 2 cuill. à soupe de beurre.
Temps de cuisson : env. 75 minutes
Valeur nutritive : env. 300 Kcal = 1.255
Kjoules

Couper le lard en petits dés et le faire rissoler dans la poêle. Ajouter le hachis et le faire brunir tout en l'émiettant avec une fourchette. Ajouter également le bouquet garni préalablement préparé et coupé en petits morceaux. Transvaser le tout dans la cocotte RÖMERTOPF trempée. Peler les pommes de terre, les couper en dés et les ajouter dans la cocotte. Arroser avec le bouillon. Epicer avec la marjolaine et le poivre. Fermer la cocotte RÖMERTOPF. Saler et servir garni de flocons de beurre.

Oxtail

750 g de queue de boeuf, 50 g de lard
fumé maigre, 1 oignon, 1 bouquet garni,
3/4 l de bouillon instantané, sel, un peu
de sucre, du poivre du moulin, un peu de
thym, 1 cuill. à soupe de jus de citron,
1 cuill. à soupe de sauce Worcester, 4 cuill.
à soupe de vin doux, 3 cuill. à soupe de
riz, 200 g de crème acidulée.
Temps de cuisson : env. 3 heures
Valeur nutritive : env. 350 Kcal = 1.464
Kjoules

Faire couper en petits morceaux la queue de boeuf dès l'achat. Couper le lard en dés, le faire rissoler dans la poêle, ajouter brièvement les morceaux de queue de boeuf, l'oignon haché et le bouquet garni préalablement préparé. Mettre le tout dans la cocotte RÖMERTOPF trempée.

Arroser avec la moitié du bouillon. Saupoudrer avec les épices. Fermer la cocotte RÖMERTOPF. Entre-temps, rajouter du bouillon chaud. Après 2 heures assaisonner avec le jus de citron, la sauce Worcester et le vin doux. Incorporer le riz. Servir la soupe garnie de touffes de crème fouettée.

Soupe avec des restes

200 g de restes de rôti, 2 oignons, 1 grande
pomme, 500 g d'haricots, de pois ou
d'asperges surgelés (ou de macédoine de
légumes), 500 g de pommes de terre, 70 g
de beurre, 100 g de fromage râpé, 1/8 l de
jus de cuisson, 1/8 l de crème fraîche, sel,
poivre du moulin, 2 cuill. à soupe de
fines herbes hachées.
Temps de cuisson : env. 2 heures
Valeur nutritive dépend des légumes utilisés

Tremper la cocotte RÖMERTOPF. Déposer d'abord les restes de viande coupés en morceaux, puis les oignons hachés dans la cocotte RÖMERTOPF. Peler la pomme, enlever le trognon et la couper en tranches. Poser celles-ci sur la viande. Les légumes et les pommes de terre pelées et coupées en fines tranches forment la couche suivante. Répartir la moitié du beurre et du fromage par-dessus. Arroser avec le jus de cuisson et la crème. Saler et poivrer. Fermer la cocotte RÖMERTOPF.
A la fin, mélanger délicatement le tout. Ajouter le reste de fromage et de beurre ainsi que les fines herbes. Rectifier l'assaisonnement.

Potée à la saucisse avec quenelles de moelle

100 g de lard fumé maigre, 4 oignons,
1 bouquet garni, 1 grande pomme de
terre, 1 petit chou-fleur, 1/2 l de bouillon,
200 g de saucisse à souhait, 100 g de
moelle, 4 cuill. à soupe de chapelure,
2 jaunes d'oeufs, sel, poivre du moulin,
1 cuill. à soupe de farine, de la noix de
muscade râpée, 2 cuill. à soupe de
ciboulette ciselée.
Temps de cuisson : env. 60 minutes
Valeur nutritive dépend de la saucisse
utilisée.

Faire rissoler dans une poêle le lard préalablement coupé en dés. Ajouter les oignons hachés et le bouquet garni coupé en petits morceaux. Transvaser le contenu de la poêle dans la cocotte RÖMERTOPF. Eplucher la pomme de terre, la couper en dés, détailler le chou-fleur en rosettes et ajouter le tout dans la cocotte RÖMERTOPF. Arroser avec le bouillon. Fermer la cocotte RÖMERTOPF.
Entre-temps, ôter la peau de la saucisse et couper cette dernière en fines rondelles. Pour les quenelles à la moelle, découper la moelle et la faire revenir dans une poêle. Laisser refroidir légèrement, puis mélanger la moelle avec la chapelure et les jaunes d'oeufs. Saler et poivrer. Former de petites quenelles et les rouler dans la farine. Après env. 45 minutes de cuisson, poser les quenelles délicatement dans la cocotte. Ajouter les morceaux de saucisse. Rectifier l'assaisonnement de la potée avec le sel, le poivre et la muscade. Affiner avec de la ciboulette ciselée.

Potée à la volaille et aux pâtes

400 g d'escalope de dinde, sel, poivre
du moulin, 2 cuill. à soupe de beurre,
1/2 feuille de laurier, 1 gousse d'ail,
1 bouquet garni, 400 g de macédoine
de légumes surgelée, 3/4 l de bouillon,
2 tomates, 250 g de pâtes à souhait.
Temps de cuisson : env. 1 heure
Valeur nutritive : env. 450 Kcal = 1.883
Kjoules

Laver la viande, la tamponner à sec et la couper en grosses lanières. Saler et poivrer et la faire revenir dans une poêle et 1 cuill. à soupe de beurre.

PORC

BOEUF

VEAU

AGNEAU

GIBIER

VOLAILLE

VARIATIONS

POISSON

LEGUMES

GARNITURES

SOUPES

GRATINS

Mettre la viande dans la cocotte RÖMER-TOPF trempée. Ajouter la feuille de laurier, la gousse d'ail coupée en quarts, le bouquet garni coupé en petits morceaux et la macédoine de légumes. Arroser avec le bouillon et fermer la cocotte RÖMER-TOPF. Après 30 minutes, ajouter les tomates pelées et coupées en quarts et les pâtes. Rectifier l'assaisonnement avec le sel et le poivre. Garnir avec des flocons de beurre.

Bortsch

(Russie, Pologne)

500 g de chou blanc, 500 g de betteraves rouges, 2 cuill. à soupe de jus de citron, 300 g de viande de boeuf ou de jambon, 1 cuill. à soupe de farine, 1 l de bouillon, quelques grains de poivre, 1 gousse d'ail, sel, à chaque fois 2 cuill. à soupe de persil haché et d'aneth, 100 g de crème fraîche.

Temps de cuisson : env. 2 heures 30

Valeur nutritive selon la viande utilisée

Couper grossièrement le chou blanc. Peler les betteraves rouges et les râper grossièrement. Mettre le tout dans la cocotte RÖMERTOPF trempée et arroser avec du jus de citron. Couper la viande ou le jambon en lanières et les répartir sur les légumes. Saupoudrer avec la farine, arroser avec le bouillon et épicer avec les grains de poivre et l'ail pressé. Fermer la cocotte RÖMERTOPF. Puis mélanger délicatement le tout et saler. Ajouter les fines herbes.

Ajouter sur chaque portion de la crème fraîche glacée.

Soupe aux légumes Schtschi

(Ukraine)

500 g de chou blanc, 1 bouquet garni, 1 cuill. à soupe de farine, 1 l de bouillon, poivre, sel, 2 cuill. à soupe de beurre, 50 g de crème acidulée.

Temps de cuisson : env. 1 heure 30

Valeur nutritive : env. 200 Kcal = 835 Kjoules

Couper le chou blanc. Couper le bouquet garni mis à part le persil en petits morceaux et mettre le tout dans la cocotte RÖMERTOPF trempée. Saupoudrer de farine et mélanger le tout. Arroser avec le bouillon. Saler, poivrer et fermer la cocotte RÖMERTOPF. A la fin rectifier l'assaisonnement. Affiner avec du persil haché, du beurre et de la crème acidulée.

Soupe au chou

(Suède)

1 oignon, 1 fût de poireau, 2 pommes de terre, env. 300 g de chou blanc, 200 g de lard, 3/4 l de bouillon, poivre, 1 cuill. à soupe de persil haché, 1 cuill. à soupe de beurre.

Temps de cuisson : env. 1 heure 30

Valeur nutritive : env. 450 Kcal = 1.883 Kjoules

Préparer tous les légumes et les couper en petits morceaux. Découper le lard en lanières. Mettre le tout avec le bouillon dans la cocotte RÖMERTOPF trempée. Fermer la cocotte RÖMERTOPF. Rectifier l'assaisonnement avec du poivre et éventuellement un peu de sel. Affiner avec le persil et le beurre.

Soupe à l'orge perlée

(Angleterre)

2 cuill. à soupe d'orge perlée, 2 bouquets garnis, 250 g de viande d'agneau, 1 navet blanc, 1 l de bouillon.

Temps de cuisson : env. 1 heure 30

Valeur nutritive : env. 250 Kcal = 1.046 Kjoules

Mettre l'orge perlée, les bouquets garnis préalablement coupés en petits morceaux dans la cocotte RÖMERTOPF trempée. Couper la viande lavée en dés. Peler le navet, le couper en dés et l'ajouter dans la cocotte. Arroser avec le bouillon. Fermer la cocotte RÖMERTOPF.

Soupe aux épinards

(Hollande)

200 g d'épinards frais ou surgelés,
1 oignon, 1 cuill. à soupe de beurre, 1 l de
bouillon, poivre du moulin, de la noix de
muscade râpée, 100 g de gouda ou
d'edam, 2 cuill. à soupe de persil ou
de cresson haché.

Temps de cuisson : env. 45 minutes

Valeur nutritive : env. 150 Kcal = 627 Kjoules

Mettre les épinards surgelés ou finement coupés dans la cocotte RÖMERTOPF trempée. Peler l'oignon, le hacher et le faire rissoler dans une poêle et du beurre, puis l'ajouter aux épinards. Arroser avec le bouillon. Assaisonner avec le poivre et la muscade. Fermer la cocotte RÖMERTOPF. Après 30 minutes incorporer le fromage râpé. Rectifier l'assaisonnement de la soupe. Avant de servir saupoudrer de fines herbes.

Potée

(Sud de l'Allemagne)

500 g d'oignons, 500 g de pommes de
terre, 500 g de carottes, 2 cuill. à soupe de
beurre, 500 g de viande de goulasch
mélangée, 1 os à moelle, 1 bouquet garni,
sel, poivre du moulin, suffisamment de
marjolaine, 1 tasse de bouillon instantané.

Temps de cuisson : env. 2 heures

Valeur nutritive : env. 600 Kcal = 2.510
Kjoules

Préparer les oignons, les pommes de terre et les carottes, les couper en gros dés et mettre tous ces ingrédients dans la cocotte RÖMERTOPF trempée. Faire revenir la viande de tous les côtés dans une poêle et du beurre (tout en remuant la poêle) et l'ajouter dans la cocotte RÖMERTOPF. Répartir l'os à moelle et le bouquet garni coupé en petits morceaux par-dessus. Saupoudrer avec les épices, arroser avec le bouillon et fermer la cocotte RÖMERTOPF. Affiner la potée avec du beurre frais.

Lentilles à la mode de Francfort

(Pays de Hesse)

200 g de lentilles, 1 feuille de laurier,
1 gousse d'ail, quelques grains de poi-
vre, thym, 200 g de kassler, 1 oignon,
1 bouquet garni, 500 g de pommes de
terre, 1 à 2 cuill. à soupe de vinaigre,
sel, 200 g de saucisse de Francfort.

Temps de cuisson : env. 1 heure 30

Tremper les lentilles pendant 10 heures

Valeur nutritive : env. 450 Kcal = 1.883
Kjoules

Mettre les lentilles avec l'eau de trempage, la feuille de laurier, la gousse d'ail coupée en quarts, les grains de poivre et le thym dans la cocotte RÖMERTOPF trempée.
Couper le kassler en dés et l'ajouter dans la cocotte. Préparer et hacher l'oignon et le bouquet garni et les mélanger aux pommes de terre préalablement pelées et coupées en dés. Arroser de vinaigre. Fermer la cocotte RÖMERTOPF. Avant de servir, saler une nouvelle fois et incorporer les saucisses coupées en rondelles.

Potée de Westphalie

(Westphalie)

200 g de haricots blancs, 350 g de lard
fumé maigre, 1 cuill. à soupe de
beurre, 300 g de haricots verts, 300 g
de carottes, 500 g de pommes de terre,
2 pommes, 1 poire, poivre, sel, 1/2 l de
bouillon instantané fort, 1 cuill. à café
de sucre, 2 cuill. à soupe de persil haché.

Temps de cuisson : env. 2 heures 30

Laisser tremper les haricots blancs pen-
dant 10 heures

Valeur nutritive : env. 850 Kcal = 3.557
Kjoules

Mettre les haricots blancs avec l'eau de trempage dans la cocotte RÖMERTOPF trempée. Couper le lard en dés, le faire rissoler dans une poêle et du

PORC
BOEUF
VEAU
AGNEAU
GIBIER
VOLAILLE
VARIATIONS
POISSON
LEGUMES
GARNITURES
SOUPES
GRATINS

beurre, puis l'ajouter aux haricots blancs.
Préparer les haricots, les carottes, les
pommes de terre et les fruits. Les couper
grossièrement et les ajouter dans la cocotte
RÖMERTOPF.
Arroser avec le bouillon. Fermer la cocotte
RÖMERTOPF.
Rectifier l'assaisonnement de la potée avec
du sel, du poivre et du sucre. Incorporer le
persil.

Potée à la viande de boeuf et aux champignons

(Bohême)

500 g de viande de boeuf cuite (partie
sans graisse), 1 oignon, 2 cuill. à soupe de
beurre, 200 g de champignons au choix,
1/8 l de vin blanc, 2 cuill. à soupe de ket-
chup, 1 cuill. à soupe de persil finement
haché, sel, poivre du moulin, 2 cuill. à
soupe de chapelure.
Temps de cuisson : env. 40 minutes
Valeur nutritive : env. 500 Kcal = 2.093
Kjoules

Couper la viande en fines tranches, l'oignon en dés et faire revenir le tout dans
une poêle et 1 cuill. à soupe de beurre.
Puis transvaser le contenu de la poêle
dans la cocotte RÖMERTOPF trempée.
Couper les champignons en tranches, les
répartir sur la viande. Brouiller le vin avec
le ketchup et le persil. Saler et poivrer et
arroser la viande avec cette préparation.
Fermer la cocotte RÖMERTOPF. Pétrir la
chapelure avec le reste de beurre. Répartir
cette masse sous forme de flocons sur la
viande. Faire brunir encore 5 à 10 minutes
dans le four à découvert.
Servir en accompagnement des pommes
vapeur ou de la purée de pommes de terre
et beaucoup de salade verte.

Potée suisse

Dans le Sud de la Suisse on saupoudre généralement les potées de légumes, de
pommes de terre et de viande avec 3 à 4
cuill. à soupe de sucre. Répartir jusqu'à
100 g de beurre en flocons sur le plat terminé et faire brunir 10 minutes au four à 250
degrés.

Irish Stew

(Irlande, Angleterre)

500 g de viande d'agneau maigre, 200 g
d'oignons, 200 g de chou blanc, 200 g de
chou frisé, 200 g de haricots verts, 500 g de
pommes de terre, sel, 200 g de carottes,
poivre du moulin, 1 cuill. à café de cumin,
1 1/2 tasse de bouillon, 2 cuill. à soupe de
beurre, 2 cuill. à soupe de persil haché.
Temps de cuisson : env. 2 heures
Valeur nutritive : env. 500 Kcal = 2.092
Kjoules

Laver la viande, la tamponner à sec et la
couper en dés. Poser la viande dans la cocotte RÖMERTOPF trempée. Couper les légumes en petits morceaux. Peler les
pommes de terre, les couper en dés et les
répartir sur la viande. Saler et poivrer. Saupoudrer de cumin. Arroser avec le bouillon et ajouter 1 cuill. à soupe de beurre.
Fermer la cocotte RÖMERTOPF. Affiner et
rectifier l'assaisonnement avec le beurre et
le persil restants.

Potée aux navets

(Scandinavie, Nord de l'Allemagne)

A chaque fois 500 g d'échine ou de poi-
trine de porc, des navets et des pommes
de terre, 1 oignon, 1/2 feuille de laurier,
poivre du moulin, sel, marjolaine, 1/2 l
de bouillon, 1 cuill. à soupe de beurre.
Temps de cuisson : env. 2 heures
Valeur nutritive selon la viande utilisée

Couper la viande préalablement lavée, les navets et les pommes de terre en dés et les mettre avec les dés d'oignons et la feuille de laurier dans la cocotte RÖMERTOPF trempée. Saupoudrer avec le sel, le poivre et la marjolaine. Arroser avec le bouillon. Fermer la cocotte RÖMERTOPF. Rectifier l'assaisonnement et affiner avec le beurre.

Potée au brocoli et au hachis

(Suisse)

500 g de rosettes de brocoli, 700 g de
pommes de terre, 400 g de viande de
boeuf hachée, un peu de sauce au soja, du
tabasco, 1 gousse d'ail, 1/2 cuill. à café de
fines herbes déshydratées, 200 g de crème
fraîche, sel, poivre, 30 g de beurre, de
la noix de muscade râpée, 50 g de
fromage râpé.
Temps de cuisson : env. 1 heure 30
Valeur nutritive : env. 750 Kcal = 3.138
Kjoules

Poser les rosettes de brocoli dans la co-cotte RÖMERTOPF trempée. Peler les pommes de terre, les couper en rondelles et les poser sur le brocoli. Mélanger le ha-chis avec la sauce au soja, le tabasco, l'ail pressé, les fines herbes et un peu de crème fraîche. Verser cette préparation sur les pommes de terre. Arroser avec la crème fraîche restante préalablement assaisonnée au sel, au poivre et à la muscade. Après une heure ajouter le fromage râpé et répar-tir des flocons de beurre par-dessus. Du-rant le dernier quart d'heure continuer la cuisson à découvert.

Potée de poisson

(Hollande)

500 g de pommes de terre, 500 g de
haricots verts, 2 cuill. à soupe de
farine, 1/4 l de lait, 250 g de poisson
fumé, 2 tomates, 150 g de gouda, sel,
poivre du moulin, 2 cuill. à soupe
de beurre.
Temps de cuisson : env. 1 heure 30
Valeur nutritive : env. 550 Kcal = 2.300
Kjoules

Peler les pommes de terre et les couper en dés. Briser les haricots préalablement préparés et les mettre dans la cocotte RÖ-MERTOPF. Saupoudrer de farine et arro-ser de lait. Enlever la peau et les arêtes du poisson et l'émietter. Laver les tomates, ôter le pédoncule et la partie cernée et les couper en rondelles. Ajouter le poisson et les tomates dans la cocotte RÖMERTOPF et fermer la cocotte RÖMERTOPF. Après 1 heure saupoudrer avec le fromage gros-sièrement râpé. Saler et poivrer et garnir de flocons de beurre.

Potée aux cocos blancs et à la choucroute

(Belgique)

200 g de cocos blancs, 2 carottes, à
chaque fois 500 g de choucroute, de
pommes de terre et de poitrine de
porc, sel, poivre du moulin, 2 oignons,
1 cuill. à soupe de beurre.
Temps de cuisson : env. 2 heures 30
Tremper les cocos pendant 10 heures
Valeur nutritive : env. 900 kcal = 3.766
Kjoules

Mettre les cocos blancs avec l'eau de trempage dans la cocotte RÖMERTOPF. Racler les carottes et les couper en petits morceaux. Emietter la choucroute. Cou-per les pommes de terre pelées et la viande en dés. Mélanger tout avec la choucroute. Saler un peu, poivrer géné-reusement et fermer la cocotte RÖMER-TOPF. Faire dorer les oignons hachés dans une poêle et du beurre, les saupou-drer sur le plat avant de servir.

PORC
BOEUF
VEAU
AGNEAU
GIBIER
VOLAILLE
VARIATIONS
POISSON
LEGUMES
GARNITURES
SOUPES
GRATINS

Hotpot

(Angleterre)

A chaque fois 250 g de viande d'agneau,
de saucisse fumée, de tomates et
d'oignons, 1 pomme acidulée, 500 g de
pommes de terre, un peu de menthe, sel,
quelques grains de poivre, 1/4 l de bouil-
lon, 1 cuill. à soupe de beurre, 2 cuill. à
soupe de persil haché.

Temps de cuisson : env. 2 heures 30
Valeur nutritive selon la saucisse utilisée

Laver la viande, la tamponner à sec et la
couper en dés. Couper la saucisse en
tranches épaisses. Couper les légumes, la
pomme et les pommes de terre en dés. Mélanger tout dans la cocotte RÖMERTOPF
trempée. Saupoudrer avec de la menthe
broyée entre les doigts, du sel et des
grains de poivre. Arroser avec le bouillon
et fermer la cocotte RÖMERTOPF. Rectifier l'assaisonnement du Hotpot, affiner
avec le persil et le beurre.

Les potées existent dans de multiples variantes à travers le monde entier. Elles peuvent être modifiées selon l'envie ou les
préférences, selon les provisions et les ingrédients de saison. Ci-dessous quelques
spécialités de potées en provenance des
pays bordant la Méditerranée.

Chou blanc "Djuvec"

(Bosnie)

800 g de chou blanc, 400 g de viande
d'agneau ou de porc, 4 cuill. à soupe
d'huile d'olive, 2 oignons, 2 gousses d'ail,
3 tomates, sel, 100 g de crème acidulée,
poivre du moulin, 1 cuill. à soupe de
farine, quelques piments.

Temps de cuisson : env. 1 heure 30
Valeur nutritive dépend de la viande utilisée

Préparer le chou blanc et le couper en lanières. Laver la viande, la tamponner à sec
et la couper comme pour la préparation
d'un goulasch. Faire revenir la viande
dans l'huile avec les oignons hachés et les
gousses d'ail. Mettre les ingrédients dans
la cocotte RÖMERTOPF trempée. Ajouter
les tomates préalablement préparées. Saupoudrer de sel, de poivre et de farine. Arroser avec 1/4 l d'eau. Fermer la cocotte
RÖMERTOPF. Epicer avec des piments hachés. Affiner avec la crème acidulée.

Potée au coquelet

(France)

1 petit coquelet, 2 cuill. à soupe de beurre,
3/8 l de vin blanc, sel, poivre du moulin,
1 cuill. à soupe de farine, 300 g de champi-
gnons, 50 g d'olives dénoyautées, 250 g de
saucisse à souhait, 3 oeufs durs, 250 g de
pâte feuilletée.

Temps de cuisson : env. 1 heure 30
Valeur nutritive selon la saucisse utilisée

Couper le coquelet cru en quatre. Désosser
la viande. Certes, cela est fastidieux mais
absolument nécessaire pour cette recette.
Mettre les morceaux de viande dans la cocotte RÖMERTOPF trempée. Saupoudrer
de flocons de beurre. Fermer la cocotte RÖ-
MERTOPF. Après 30 minutes ajouter 1
tasse de vin chaud. Saler et poivrer. Après
une demi-heure supplémentaire saupoudrer de farine. Arroser avec le reste de vin
et ajouter les champignons émincés. Poser
les rondelles de saucisse, les olives coupées en quarts et les rondelles d'oeufs
durs par-dessus. Poser les plaques de pâte
feuilletée côte à côte sur le plan de travail
en les superposant légèrement. Passer par-
dessus avec le rouleau à pâtisserie afin
qu'elles ne forment plus qu'une seule
grande plaque. Faites en sorte qu'elle soit
légèrement plus grande que l'ouverture
de la cocotte RÖMERTOPF. Poser la plaque de pâte feuilletée sur la cocotte et presser les bords. Fermer à nouveau la cocotte
RÖMERTOPF. Durant les 15 dernières minutes, ôter le couvercle de manière à ce
que la pâte feuilletée brunisse légèrement.

Potée aux légumes et à la viande "Bolaggio"

(Italie)

150 g de poitrine de porc maigre, salée, mais pas fumée, 300 g de viande de porc de l'échine ou de l'épaule, 1 oignon, 2 carottes, 4 tomates, 1 gousse d'ail, 150 g de chou blanc, 150 g de haricots blancs à laisser tremper durant la nuit, du poivre du moulin, du romarin, du thym, 1/4 l de bouillon instantané, 1 cuill. à soupe de beurre, éventuellement encore un peu de sel.

Temps de cuisson : env. 2 heures
Tremper les haricots blancs pendant 10 heures
Valeur nutritive : env. 550 Kcal = 2.302 Kjoules

Couper la viande en dés. Couper tous les légumes en petits morceaux. Mettre tous les ingrédients avec les haricots blancs et l'eau de trempage dans la cocotte RÖMER-TOPF trempée. Saupoudrer avec les épices, arroser avec le bouillon et fermer la cocotte RÖMERTOPF. Incorporer le beurre en dernier et saler légèrement la potée.

Goulasch au riz

(Croatie)

250 g de viande de goulasch mélangée (porc, agneau, boeuf et veau), 1 grand os à moelle, 200 g d'oignons, 500 g de tomates, 1 poivron, 1 gousse d'ail, 1 bouquet garni, 200 g de yaourt, 1/2 l de bouillon, sel, poivre du moulin, 250 g de riz, 1 cuill. à soupe de saindoux.

Temps de cuisson : env. 2 heures
Valeur nutritive : env. 600 Kcal = 2.510 Kjoules

Laver la viande et l'os à moelle et les mettre dans la cocotte RÖMERTOPF trempée. Peler les tomates et les oignons, les couper en dés et les ajouter dans la cocotte RÖMERTOPF. Préparer également le reste des légumes, les couper en petits morceaux et les répartir dans la cocotte. Arroser avec le yaourt et le bouillon. Saler et poivrer.
Faire revenir le riz dans le saindoux, puis l'ajouter dans la cocotte RÖMER-TOPF. Fermer la cocotte RÖMERTOPF.

Potée à l'agneau et au blé

(Maroc)

500 g de grains de blé, 10 gousses d'ail, 2 cuill. à soupe d'huile, 400 g de viande d'agneau, 2 poivrons, 50 g de raisins secs, un peu de cannelle, de safran et de gingembre, de la menthe fraîche ou déshydratée, sel, poivre du moulin, 2 oeufs, 1/2 bouquet de persil.

Temps de cuisson : env. 2 heures
Laisser tremper le blé pendant 12 heures
Valeur nutritive : 750 Kcal = 3.138 Kjoules

Rincer le blé préalablement trempé sous l'eau froide et le mettre dans la cocotte RÖMERTOPF trempée.
Peler les gousses d'ail et les faire revenir entières dans une poêle et de l'huile. Faire revenir la viande préalablement coupée en dés de tous les côtés dans la même huile. Ajouter la viande avec les poivrons coupés en huit et les raisins secs aux grains de blé. Saupoudrer avec les épices. A la fin mélanger avec les oeufs brouillés et épicés et le persil.

Pilaf au porc

(Serbie)

50 g de lard fumé gras, 2 cuill. à soupe
de beurre, 3 oignons, 3 poivrons, 400 g de
filet de porc, 2 tasses de riz, 4 tasses de
bouillon instantané, 1 boîte de conserve de
concentré de tomates, sel, 50 g de fromage
râpé, du paprika fort en poudre.
Temps de cuisson : env. 45 minutes
Valeur nutritive : env. 600 kcal = 2.510 Kjoules

Couper le lard en dés et le faire revenir dans la poêle. Faire étuver en même temps, le beurre, les oignons et les poivrons préalablement coupés en lanières. Couper le filet de porc en tranches et le faire revenir brièvement avec les autres ingrédients. Mettre le contenu de la poêle dans la cocotte RÖMERTOPF trempée et saupoudrer le tout avec du riz. Arroser avec le bouillon et fermer la cocotte RÖMERTOPF. Avant de servir incorporer le concentré de tomates et le fromage. Rectifier l'assaisonnement avec le sel et le paprika.

Pilaf à l'agneau (Turquie)

Remplacer la viande porc par de l'agneau et épicer généreusement avec de l'ail.

Pilaf au yaourt (Turquie)

Mélanger 200 g de yaourt et 1 bouquet de persil haché. Verser cette préparation sur la viande et faire dorer 10 minutes au four à découvert.

Pilaf épicé (Turquie)

Faire rôtir en même temps 100 g de foie d'agneau haché et 100 g de rognons d'agneau. Epicer avec des pignons, de la cannelle, du piment et beaucoup de persil.

Pilaf (Croatie)

Epicer avec du gin ou de la vodka. Brouiller 3 oeufs avec un piment haché et verser ce mélange sur le plat terminé. Laisser dorer encore 10 minutes au four à découvert.

Olla potrida (Espagne)

Etant donné que cette recette nécessite une multitude d'ingrédients, il serait préférable de la préparer tout de suite pour 6 personnes comme indiqué ci-dessous :

1 os à moelle, à chaque fois 250 g de
viande de boeuf, d'agneau et de volaille,
1 petite oreille de porc, à chaque fois 100 g
de pois chiche et d'haricots blancs à laisser
macérer durant la nuit, 1 bouquet garni,
quelques grains de poivre, une 1/2 feuille
de laurier, 1 clou de girofle, 250 g de
pommes de terre, 250 g de chou blanc, 250 g
de saucisse à l'ail, un peu de safran, du
poivre du moulin.
Temps de cuisson : env. 3 heures 30 à 180° C
Laisser tremper les pois chiche et les haricots
blancs
Valeur nutritive : env. 550 Kcal = 2.300
Kjoules

Laver l'os et la viande coupée en petits morceaux. Mettre la viande et les légumes secs dans la cocotte RÖMERTOPF trempée. Couper le bouquet garni en petits morceaux et l'ajouter dans la cocotte. Saupoudrer avec les épices, arroser avec 2 tasses d'eau et fermer la cocotte RÖMERTOPF. Après 2 heures ajouter les pommes de terre et le chou blanc préalablement coupés en gros morceaux. Incorporer de grosses rondelles de saucisse. Incorporer le safran dilué dans de l'eau chaude. Mélanger délicatement les légumes et épicer généreusement.

Risotto aux champignons

(Espagne)

1 oignon, 2 gousses d'ail, 1 cuill. à soupe
d'huile, 250 g de riz, 300 g de champignons
des bois, 2 tomates, 1 bouquet de persil,
1/2 feuille de laurier, du thym, 200 ml de
bouillon, 100 ml de vin blanc, sel, poivre du
moulin, 75 g de pointes d'asperges, 100 g de
crème fraîche, 75 g de jambon cru maigre,
1 cuill. à soupe de beurre.
Temps de cuisson : env. 40 minutes
Valeur nutritive : env. 450 Kcal = 1.883
Kjoules

Peler l'oignon et l'ail, les hacher et les faire revenir dans une poêle et de l'huile. Ajouter le riz et le faire brunir tout en remuant constamment. Verser le contenu de la poêle dans la cocotte RÖMERTOPF trempée. Ajouter les champignons émincés et les tomates pelées et coupées en quarts ainsi que le persil, la feuille de laurier et le thym. Arroser avec le bouillon et le vin. Saler, poivrer et fermer la cocotte RÖMERTOPF. Après 20 minutes, ajouter les pointes d'asperges, le jambon coupé en lanières et la crème fraîche réchauffée. Rectifier l'assaisonnement de la potée et affiner avec le beurre.

Couscous

(Tunisie)

| 200 g de viande d'agneau, 200 g de viande de boeuf, 200 g de volaille sans os, 2 gousses d'ail, 3 cuill. à soupe d'huile d'olive, 1 fût de poireau, 1 branche de céleri, 2 tomates, 1 petite aubergine, à chaque fois une 1/2 pincée de cumin et de cardamome, 1 pincée de gingembre en poudre et 1 pincée de cannelle, sel, 150 g de couscous, du paprika en poudre. |
| Temps de cuisson : env. 2 heures |
| Valeur nutritive env. 600 Kcal = 2.512 Kjoules |

Laver la viande, la tamponner à sec, la couper en dés et la faire revenir de tous les côtés avec l'ail pressé dans une poêle et de l'huile. Transvaser le contenu de la poêle dans la cocotte RÖMERTOPF trempée. Saupoudrer avec les morceaux de légumes et les épices. Répartir le couscous par-dessus et arroser avec environ 350 ml d'eau. Fermer la cocotte RÖMERTOPF. Epicer généreusement la potée.

Soupe de légumes à l'aigre-douce

(Chine)

| 200 g de filet de porc, 1 cuill. à soupe d'huile, 100 g de pousses de bambou, 100 g |

de champignons au choix, 1 oignon, 3/4 l de bouillon de poule, 1 cuill. à soupe de sauce au soja, 1 cuill. à soupe de vinaigre, 1 cuill. à soupe de fécule, sel, sucre, 25 g de pâtes chinoises, 1 cuill. à soupe de persil haché,
| Temps de cuisson : env. 1 heure |
| Valeur nutritive : env. 150 Kcal = 627 Kjoules |

Couper la viande préparée au préalable en fines tranches, la faire revenir brièvement dans l'huile et la mettre dans la cocotte RÖMERTOPF trempée. Ajouter les pousses de bambou, les morceaux de champignons et les oignons coupés en fines rondelles. Arroser avec le bouillon. Ajouter la sauce au soja et le vinaigre. Fermer la cocotte RÖMERTOPF. Lier la soupe avec un peu de fécule délayée dans un peu d'eau. Assaisonner avec un peu de sel et du sucre.
Ajouter à la fin le persil et les pâtes.

Jambalaya

(Amérique Latine)

| A chaque fois 150 g de saucisse au goût relevé et de jambon cru maigre, 2 oignons, 1 gousse d'ail, 2 cuill. à soupe d'huile, 1 poivron, 2 tomates, 1 tasse de riz, 1 feuille de laurier, 1 piment, 150 g de crevettes prêtes à utilisation. |
| Temps de cuisson env. 45 minutes |
| Valeur nutritive selon la saucisse utilisée |

Couper la saucisse en rondelles, le jambon en dés. Hacher les oignons et l'ail. Faire revenir le tout dans une poêle et de l'huile, puis transvaser le tout dans la cocotte RÖMERTOPF trempée. Préparer les poivrons. Peler les tomates. Couper les deux ingrédients en dés et les ajouter dans la cocotte RÖMERTOPF. Saupoudrer avec le riz. Arroser avec 3 tasses d'eau. Ajouter la feuille de laurier et le piment. Fermer la cocotte RÖMERTOPF. 10 minutes avant la fin de la cuisson rectifier l'assaisonnement du plat avec le sel et le poivre. Incorporer les crevettes.

PORC

BOEUF

VEAU

AGNEAU

GIBIER

VOLAILLE

VARIATIONS

POISSON

LEGUMES

GARNITURES

SOUPES

GRATINS

MES RECETTES PERSONNELLES
POUR LA COCOTTE RÖMERTOPF :

PREPARATION :

INGREDIENTS :

PREPARATION :

INGREDIENTS :

PREPARATION :

INGREDIENTS :

MULTIPLES VARIATIONS
AUTOUR DES GRATINS
ET DES PATES

PORC

BOEUF

VEAU

AGNEAU

GIBIER

VOLAILLE

VARIATIONS

POISSON

LEGUMES

GARNITURES

SOUPES

GRATINS

Cuire des gratins dans une cocotte fermée vous paraît impossible ? Ne vous étonnez guère, essayez d'abord une de nos succulentes recettes. Laissez-vous convaincre que la cocotte RÖMERTOPF est idéale pour ce genre de recettes. Jusqu'à présent vous prépariez toujours la masse à gratiner et la transvasiez dans un plat réfractaire. Une fois placé dans le four, le dessus du gratin commençait immédiatement à brunir tandis que le reste des ingrédients n'avait pas le temps nécessaire de cuire et de déployer toute leur saveur.

Dans la cocotte RÖMERTOPF votre gratin devient tout simplement délicieux. Car dans cette cocotte, les ingrédients ont le temps de mijoter en toute tranquillité à couvercle fermé. Ils déploient tout leur arôme et leur saveur. Seulement durant le dernier quart d'heure le gratin est cuit à découvert. Ensuite le gratin est prêt à être servi. La même chose est valable pour les pâtés.

Pâté au foie
(Belgique)

400 g de foie de boeuf, 200 g d'escalopes
de porc, 1 oignon, 300 g de pâte feuilletée
surgelée, 150 g de bacon coupé en très
fines tranches, 1 feuille de laurier, un peu
de thym et de marjolaine déshydratés,
1 gousse d'ail, 2 cuill. à soupe de cognac,
sel, poivre du moulin.
Temps de cuisson : env. 75 minutes
Valeur nutritive : env. 750 Kcal = 3.138
Kjoules

Couper la viande et l'oignon en dés et les passer au mixer ou au hachoir. Poser les plaques de pâte feuilletée côte à côte sur le plan de travail en les superposant un peu et les laisser décongeler puis passer avec le rouleau à pâtisserie afin d'obtenir une seule grande plaque. Foncer la cocotte RÖ-MERTOPF trempée avec cette plaque de pâte. Avec les restes de pâte former un couvercle. Garnir la pâte avec des tranches de bacon. Emietter la feuille de laurier, le thym et la marjolaine entre les doigts et presser l'ail. Incorporer ces ingrédients avec le cognac dans la masse de viande. Saler et poivrer. Garnir le bacon avec cette masse. Recouvrir le tout avec le couvercle de pâte préalablement étalé et bien le presser sur les bords. Piquer plusieurs fois le couvercle avec un couteau. Puis fermer la cocotte RÖMERTOPF.

Pâté au gibier
(Hollande)

Pour 6 à 8 portions :
800 g de gibier à souhait, 40 g de beurre,
1/4 l de bouillon, sel, poivre du moulin,
100 g de lard fumé maigre, 250 g de
viande de veau hachée, 200 g de crème
acidulée, 3 oeufs, un peu de zeste d'un
citron non traité, à chaque fois 1 pincée de
gingembre, de romarin et de sauge en
coudre, 1/2 cuill. à café de marjolaine,
2 cuill. à soupe de persil haché.
Temps de cuisson : env. 100 minutes
Valeur nutritive : pour 8 portions env. 450
Kcal = 1.883 Kjoules

Laver la viande et la poser dans la cocotte RÖMERTOPF trempée. Ajouter la moitié du beurre, arroser avec le bouillon. Saler et poivrer. Fermer la cocotte RÖMERTOPF et laisser mijoter 30 minutes. Puis désosser la viande. Entre-temps, couper le lard en dés et le faire rissoler dans la poêle avec le reste de beurre. Mélanger toute la viande, les lardons rissolés, la crème acidulée, les oeufs et les épices. Transvaser le tout dans la cocotte RÖMERTOPF. Fermer la cocotte RÖMERTOPF. Puis mettre encore pendant 10 minutes au four à découvert pour faire brunir le pâté.

Servir en accompagnement de la purée de pommes de terre, de la salade verte et de la sauce Cumberland.

Pâté gratiné au gibier
(Hollande)

Avant de faire dorer le pâté, saupoudrer encore du gouda râpé sur le pâté.

Pâté aux champignons
(Bohême)

300 g de pâte feuilletée, 500 g de champi-
gnons des bois, 2 oignons, 2 cuill. à soupe
de beurre, 250 g de hachis en mélange,

sel, poivre du moulin, 2 cuill. à soupe de
persil haché, un peu de romarin, 2 oeufs.

Temps de cuisson env. 1 heure

Valeur nutritive env. 750 Kcal = 3.140 Kjoules

Foncer la cocotte RÖMERTOPF trempée avec la pâte feuilletée (comme pour le pâté au gibier). Emincer les champignons et hacher les oignons. Faire rissoler ces deux ingrédients dans une poêle et du beurre chauffé. Faire revenir brièvement le hachis dans la même poêle en l'émiettant à l'aide de deux fourchettes. Saler et poivrer. Incorporer les fines herbes et les jaunes d'oeufs. Battre les blancs d'oeufs en neige et les incorporer délicatement à la masse de viande. Verser cette préparation sur la pâte feuilletée. Former avec le reste de la pâte un couvercle, le poser sur le pâté et le presser aux bords. Fermer la cocotte RÖMERTOPF. Durant les 10 dernières minutes, faire dorer le pâté à découvert. Servir le pâté chaud ou froid et coupé en tranches.

Pâté de viande et de poissons

(Europe de l'Est)

1.000 g de pommes de terre, 250 g
d'oignons, 150 g de jambon cru, 2 cuill. à
soupe d'huile, 150 g de restes de rôti ou de
viande cuite, 200 g de restes de poissons,
également des filets de harengs salés et
rincés, 250 g de crème acidulée, 1 oeuf,
1 cuill. à soupe de farine, sel, poivre du
moulin.

Temps de cuisson : env. 1 heure 30

Valeur nutritive env. 600 Kcal = 2.510 Kjoules

Peler les pommes de terre et les oignons, les râper grossièrement, les mélanger avec le jambon préalablement coupé en petits morceaux et mettre le tout dans la cocotte RÖMERTOPF trempée. Arroser avec l'huile et faire cuire 25 minutes à découvert. Puis ajouter les restes de viande et de poissons coupés en petits morceaux. Brouiller la crème acidulée avec l'oeuf, la

farine et éventuellement un peu d'eau. Saler et poivrer. Fermer la cocotte RÖMERTOPF.

Gratin de chou-fleur et de poisson

(Scandinavie)

1 grand chou-fleur, 700 g de filet de
poissons à souhait (par exemple du
filet de saumon), 1 citron, 2 cuill. à
soupe de beurre, 100 g de fromage
double crème, 2 cuill. à soupe
d'amandes effilées, 2 cuill. à soupe
d'aneth hachée, 1 cuill. à soupe
d'aquavit.

Temps de cuisson : env. 45 minutes

Valeur nutritive : env. 350 Kcal = 1.465
Kjoules

Détailler le chou-fleur en rosettes, le laver soigneusement, le blanchir 5 minutes dans de l'eau salée et le laisser égoutter. Laver le filet de poisson, le tamponner à sec et l'arroser de jus de citron. Puis poser alternativement les rosettes de chou-fleur et le poisson dans la cocotte RÖMERTOPF trempée. Garnir avec des flocons de beurre. Mélanger tous les autres ingrédients avec 1 tasse du jus de cuisson du chou-fleur et en napper le poisson. Fermer la cocotte RÖMERTOPF.
Servir en accompagnement des pommes de terre.

PORC

BOEUF

VEAU

AGNEAU

GIBIER

VOLAILLE

VARIATIONS

POISSON

LEGUMES

GARNITURES

SOUPES

GRATINS

Gratin de pâtes

(Autriche)

300 g de pâtes larges, sel, 200 g de jambon
cuit, 2 oeufs, 125 g de crème acidulée, 50 g
de fromage râpé, 2 cuill. à soupe de persil
haché, 1 gros oignon, 200 g de champignons, du tabasco, du paprika doux en
poudre, 20 g de beurre.
Temps de cuisson : env. 45 minutes
Valeur nutritive : env. 550 Kcal = 2.300
Kjoules

Cuire les pâtes al dente dans de l'eau salée
et les laisser égoutter. Découenner le jambon et le couper en fines lanières. Mélanger les oeufs avec la crème acidulée, le fromage, le persil, l'oignon finement râpé et
les champignons préalablement coupés en
tranches. Assaisonner avec le sel, le tabasco et le paprika. Incorporer ce mélange
aux pâtes et transvaser le tout dans la cocotte RÖMERTOPF trempée. Saupoudrer
de flocons de beurre. Fermer la cocotte RÖ-
MERTOPF trempée. Durant les 15 dernières minutes de cuisson, faire dorer à
découvert.

Servir en accompagnement de la salade
verte ou des tomates.

Tagliatelles au
fromage et à la crème

(Sud de l'Allemagne, Suisse)

400 g de pâtes larges, sel, 4 gros oignons,
100 g de beurre, 150 g de fromage râpé,
100 g de crème acidulée, beaucoup de
poivre du moulin, 2 tomates.
Temps de cuisson : env. 30 minutes
Valeur nutritive : env. 750 Kcal = 3.138
Kjoules

Cuire les pâtes al dente dans de l'eau salée. Entre-temps, peler les oignons, les couper en dés et les faire rissoler dans une
poêle et du beurre. Mettre les pâtes bien
égouttées et les oignons dans la cocotte
RÖMERTOPF trempée. Incorporer le fro-

mage, la crème acidulée, le sel et le poivre.
Ebouillanter les tomates, les peler, les couper en petits dés et les ajouter dans la cocotte RÖMERTOPF. Fermer la cocotte
RÖMERTOPF.

Pâtes à la choucroute

(Sud de l'Allemagne, Alsace)

1 grande boîte de conserve ou 800 g de
choucroute, 200 g de lard fumé maigre,
4 cuill. à soupe de bouillon, 1 feuille de
laurier, 350 g de pâtes larges, sel, 50 g
de beurre.
Temps de cuisson : env. 45 minutes
Valeur nutritive : env. 850 Kcal = 3.557
Kjoules

Emietter la choucroute. Couper le lard en
dés et le faire rissoler dans une grande
poêle. Ajouter la choucroute et la faire revenir brièvement. Entre-temps, cuire les
pâtes al dente dans de l'eau salée et les
laisser bien égoutter. Mélanger les pâtes à
la choucroute et verser le tout dans la cocotte RÖMERTOPF trempée. Fermer la cocotte RÖMERTOPF. Affiner avec le beurre.
Saler.

Gratin au thon

(Suisse)

200 g de riz, sel, 3 oeufs, 125 g de crème
fraîche, 300 g de thon au naturel (en
conserve), 1 poivron, 1 cuill. à soupe de
persil haché, du poivre du moulin, 250 g
de champignons coupés en quarts, 1 cuill.
à soupe de jus de citron, 1 cuill. à soupe
de cognac, 1 cuill. à soupe de beurre.
Temps de cuisson env. 40 minutes
Valeur nutritive env. 450 Kcal = 1.883 Kjoules

Ne pas cuire le riz entièrement, le mélanger aux autres ingrédients et mettre le tout
dans la cocotte RÖMERTOPF trempée.
Garnir avec des flocons de beurre. Fermer
la cocotte RÖMERTOPF.

Crêpes à la saucisse de foie

(Hongrie)

6 oeufs, 300 g de farine, 1/4 l d'eau minérale, sel, de la matière grasse, 250 g de saucisse de foie. Pour la sauce 1 oignon, 1 cuill. à soupe de beurre, 1/4 l de bouillon, 1 petite boîte de conserve de tomates pelées, 2 cuill. à soupe de ketchup, du paprika doux en poudre, 1/2 citron non traité, un peu de thym et de romarin, 1 gousse d'ail, un peu de farine, 2 fagotins de ciboulette.

Temps de cuisson : env. 30 minutes

Valeur nutritive dépend de la quantité de graisse utilisée pour la cuisson.

Brouiller les oeufs avec la farine et l'eau minérale, puis saler. Cuire de fines crêpes dans la graisse chaude, les tartiner de saucisse de foie tant qu'elles sont chaudes et les poser en différentes couches dans la cocotte RÖMERTOPF trempée. Peler l'oignon, le couper en dés et le faire rissoler dans une casserole et le beurre. Arroser avec le bouillon, puis ajouter les tomates et passer le tout brièvement au mixer. Epicer avec le ketchup, le paprika en poudre, le jus de citron, un peu de zeste de citron, les fines herbes et l'ail. Lier avec la farine préalablement délayée. Porter à ébullition et verser ce mélange sur les crêpes. Fermer la cocotte RÖMERTOPF. Avant de servir, saupoudrer généreusement sur chaque portion de ciboulette.

Soufflé aux épinards

(Hollande)

600 g d'épinards surgelés ou 750 g d'épinards frais, 1 gros oignon, 2 oeufs, 2 cuill. à soupe de crème fraîche, 100 g de jambon cru ou cuit, 1 cuill. à soupe de farine, sel, poivre du moulin, de la noix de muscade râpée, du tabasco, 2 cuill. à soupe de persil haché, 2 cuill. à soupe de beurre, 100 g de d'édam ou de gouda.

Temps de cuisson : env. 45 minutes

Valeur nutritive : env. 300 Kcal = 1.256 Kjoules

Trier et nettoyer les épinards frais ou faire décongeler les épinards surgelés. Puis réduire les épinards en purée à l'aide du mixer. Hacher l'oignon et couper le jambon en fines lanières. Mélanger le tout avec la farine, les jaunes d'oeufs et la crème fraîche. Assaisonner avec les épices. Incorporer le persil. Graisser la cocotte RÖMERTOPF trempée. Battre les blancs d'oeufs en neige et les incorporer aux épinards. Puis verser ce mélange dans la cocotte RÖMERTOPF. Recouvrir avec le reste de beurre en flocons et les fines lanières de fromage. Fermer la cocotte RÖMERTOPF.

Crêpes aux épinards gratinées

(Hollande)

6 oeufs, 200 g de farine, sel, 1/8 l d'eau minérale, 1 oignon, 1 cuill. à soupe de beurre, 450 g d'épinards surgelés, poivre du moulin, de la noix de muscade râpée, 125 g de crème acidulée, 70 g de fromage râpé.

Temps de cuisson : env. 35 minutes

Valeur nutritive dépend du jus de cuisson absorbé par les crêpes.

Préparer une pâte à crêpes avec 4 oeufs, de la farine, du sel et de l'eau minérale. Cuire 4 grandes crêpes avec cette préparation. Hacher l'oignon et le faire rissoler dans la poêle avec le beurre. Ajouter les épinards, les laisser décongeler et les faire cuire avec du sel, du poivre, de la muscade et 4 cuill. à soupe de crème acidulée pendant quelques minutes. Puis répartir les épinards sur les crêpes. Replier ces dernières et les poser dans la cocotte RÖMERTOPF trempée. Mélanger le fromage et la crème avec les oeufs restants. Verser ce mélange sur les crêpes et fermer la cocotte RÖMERTOPF.

PORC

BOEUF

VEAU

AGNEAU

GIBIER

VOLAILLE

VARIATIONS

POISSON

LEGUMES

GARNITURES

SOUPES

GRATINS

Soufflé au fromage

(Hollande, Suisse)

100 g de beurre, 100 g de farine, 1/4 l de
lait, de la noix de muscade râpée, sel, poi-
vre du moulin, un peu de tabasco, un peu
d'épices pour potages, 4 oeufs, 200 g de
fromage râpé, 2 cuill. à soupe de persil ha-
ché, 2 cuill. à soupe de ciboulette ciselée.
Temps de cuisson : env. 55 minutes
Valeur nutritive : env. 550 Kcal = 2.302
Kjoules

Badigeonner généreusement la cocotte RÖ-
MERTOPF trempée avec le beurre chauffé
de manière à ce que le soufflé n'adhère
pas à la cocotte en cuisant. Faire un roux
avec le reste de beurre et la farine, arroser
avec le lait, porter à ébullition, assaisonner
avec les épices et retirer du feu. Séparer les
oeufs et incorporer les jaunes d'oeufs, puis
le fromage au roux. Ajouter en dernier les
blancs d'oeufs montés en neige et les fines
herbes. Verser le tout dans la cocotte RÖ-
MERTOPF. Fermer la cocotte RÖMERTOPF.

Soufflé au fromage blanc et pommes de terre

(Pologne)

500 g de fromage à la crème (20 % de ma-
tière grasse), 1/8 l de lait, sel, poivre du
moulin, 2 cuill. à soupe de câpres, 1 corni-
chon, 2 cuill. à soupe de ciboulette ciselée,
1 cuill. à soupe de ketchup, 3 tomates, 500 g
de pommes de terre cuites, 200 g de
saucisse à l'ail, 1 cuill. à soupe de beurre.
Temps de cuisson : env. 40 minutes
Valeur nutritive : env. 500 Kcal = 2.093
Kjoules

Mélanger le fromage blanc avec le lait. Saler et poivrer. Ajouter les câpres, le cornichon coupé en dés et la ciboulette. Assaisonner avec le ketchup. Peler les tomates
et les couper en gros dés. Couper les
pommes de terre pelées en tranches. Enlever la peau de la saucisse à l'ail et la couper en lanières. Ajouter tout à la masse de
fromage blanc, puis verser ce mélange
dans la cocotte RÖMERTOPF trempée.
Saupoudrer de flocons de beurre.

Soufflé au porc avec pommes

(Angleterre)

800 g de pommes de terre, 1/8 l de lait,
sel, 30 g de beurre, 150 g d'oignons, 700 g
de goulasch de porc maigre, poivre du
moulin, 1 pincée de sauge en poudre, 350 g
de pommes acidulées.
Temps de cuisson : env. 1 heure 30
Valeur nutritive : env. 550 Kcal = 2.300
Kjoules

Cuire les pommes de terre, les peler et les
réduire en purée avec le lait salé. Beurrer
la cocotte RÖMERTOPF trempée. Hacher
les oignons. Laver la viande, la tamponner
à sec, la couper en petits dés, saler, poivrer
et épicer avec la sauge.
Peler les pommes et ôter les trognons. Poser les différentes ingrédients dans la cocotte RÖMERTOPF en formant des
couches. Entre-temps, saler et poivrer. Saupoudrer le reste de beurre sous forme de
flocons sur le contenu de la cocotte. Fermer la cocotte RÖMERTOPF. Durant les
10 dernières minutes cuire à découvert.

Les soufflés et les gratins sont largement répandus dans les régions bordant la Méditerranée et ils se ressemblent plus ou moins. Les pâtes ou le riz en sont les ingrédients de base.

Les Français épicent avec des fines herbes, des champignons et du vin. Les Espagnols ajoutent de temps en temps un filet de vin blanc ou de sherry, intègrent souvent de la saucisse relevée et de l'ail. Dans les régions de l'Est de la Méditerranée par contre on a plus tendance à utiliser la viande d'agneau et le boeuf et on assaisonne avec des épices exotiques. Les amandes hachées, beaucoup de persil et de citron, du curcuma et du cumin, de la cannelle, du piment et du gingembre ainsi que l'eau de rose et les raisins secs déploient des arômes très subtils.

Les recettes suivantes se laissent facilement varier :

Lasagnes

(Italie)

200 g de plaques de lasagnes, 2 oignons,
2 gousses d'ail, 2 cuill. à soupe d'huile
d'olives, 1 petite boîte de conserve de
tomates pelées, sel, poivre du moulin, de
l'origan, du persil haché, 4 tomates, 200 g
de crème fraîche, 2 jaunes d'oeufs, 50 g de
fromage râpé, le jus d'un 1/2 citron, 50 g de
beurre.
Temps de cuisson : env. 40 minutes
Valeur nutritive : env. 600 Kcal = 2.510
Kjoules

Poser une couche de lasagnes dans la cocotte RÖMERTOPF trempée. Faire revenir dans la poêle et l'huile les oignons et l'ail pelés et hachés. Ajouter les tomates pelées. Mélanger avec le sel, le poivre, l'origan et le persil et faire réduire légèrement la masse. Puis ébouillanter les tomates fraîches, les peler, les couper en dés et les ajouter à la masse. Pour la sauce blanche, porter à ébullition la crème fraîche. Lier la sauce avec les jaunes d'oeufs et le fromage râpé. Assaisonner avec le jus de citron, le sel et le poivre. Poser alternativement les sauces et les plaques de lasagnes dans la cocotte RÖMERTOPF. Garnir généreusement avec des flocons de beurre. Fermer la cocotte RÖMERTOPF.

Gratin de macaronis

(Sicile)

300 g de macaronis, sel, 3 oeufs, 150 g
de viande tartare, 3 cuill. à soupe de
noix, de noisettes ou d'amandes ha-
chées, 1 gousse d'ail, 1/2 oignon, sel,
poivre du moulin, 2 cuill. à soupe de
persil haché, 1 petite boîte de conserve
de tomates pelées, 1 cuill. à soupe de
ketchup, 1/8 l de jus de tomates, 80 g
de salami, 80 g de fromage râpé, 50 g
de beurre.
Temps de cuisson env. 1 heure
Valeur nutritive env. 750 Kcal = 3.138
Kjoules

Cuire les macaronis al dente dans suffisamment d'eau salée et les laisser égoutter. Préparer 2 oeufs durs, les écaler et les couper en rondelles. Mélanger la viande tartare avec l'oeuf cru, les noix, l'ail pressé et l'oignon râpé. Epicer avec le sel, le poivre et le persil. Former de petites quenelles. Verser environ 1/3 des macaronis dans la cocotte RÖMERTOPF trempée. Recouvrir avec les rondelles d'oeufs durs et les quenelles. Mélanger quelques cuill. à soupe de tomates réduites en purée avec du ketchup et du jus de tomates et en napper les macaronis avec ce coulis. Répartir une deuxième couche de macaronis par-dessus.

Recouvrir cette couche avec des rondelles de salami sans peau, saupoudrer de fromage râpé et arroser avec du coulis de tomates. Recouvrir avec une troisième couche de macaronis, la saupoudrer à nouveau de fromage râpé et la napper avec le reste de coulis de tomates. Garnir généreusement avec des flocons de beurre. Fermer la cocotte RÖMERTOPF. Durant les 10 dernières minutes de cuisson, ôter le couvercle.

Servir en accompagnement beaucoup de salade verte.

PORC

BOEUF

VEAU

AGNEAU

GIBIER

VOLAILLE

VARIATIONS

POISSON

LEGUMES

GARNITURES

SOUPES

GRATINS

Gratin de pâtes

(Turquie)

300 g de macaronis, sel, 3 cuill. à soupe
d'huile d'olives, 3 gousses d'ail, 4 oeufs,
sel, poivre du moulin, 150 g de fromage
dur râpé, 250 g de fromage de brebis,
1 citron, 200 g de yaourt entier, persil ou
parties vertes de céleri.
Temps de cuisson : env. 40 minutes
Valeur nutritive : env. 700 Kcal = 2.929
Kjoules

Cuire les pâtes al dente dans de l'eau salée
et les laisser égoutter. Chauffer l'huile
dans la poêle et faire revenir l'ail pressé et
les pâtes. Verser les pâtes dans la cocotte
RÖMERTOPF trempée. Mélanger les
oeufs avec le sel, le poivre, le fromage râpé, le fromage de brebis émietté et le jus
de citron. A la fin ajouter le yaourt et les
fines herbes. Incorporer le tout aux pâtes
et fermer la cocotte RÖMERTOPF. Durant
les 10 dernières minutes ôter le couvercle.

Soufflé aux pommes de terre

(France)

800 g de pommes de terre, sel, 1/8 l de
lait, 4 oeufs, 100 g de fromage râpé, poivre
du moulin, un peu de râpure de noix de
muscade, 50 g de beurre.
Temps de cuisson : env. 40 minutes
Valeur nutritive : env. 450 Kcal = 1.883
Kjoules

Cuire les pommes de terre, les peler et les
écraser. Lisser la masse avec le lait salé légèrement chauffé, les jaunes d'oeufs et le
fromage. Assaisonner avec le poivre et la
muscade.
Incorporer les blancs d'oeufs battus en
neige. Beurrer la cocotte RÖMERTOPF
trempée et y verser la masse de pommes
de terre. Saupoudrer de flocons de beurre
et fermer la cocotte RÖMERTOPF.

Gratin de pommes de terre

1.000 g de pommes de terre, 50 g de
beurre, sel, poivre du moulin, 50 g de fromage râpé, de la râpure de noix de muscade, 1 oignon, 250 g de crème fraîche.
Temps de cuisson env. 60 minutes
Valeur nutritive env. 500 Kcal = 2.092 Kjoules

Peler les pommes de terre et les couper en
rondelles. Tapisser la cocotte RÖMER-
TOPF trempée et beurrée de couches de
rondelles de pommes de terre. Saupoudrer les différentes couches de sel et de
poivre et les arroser avec un mélange de
crème fraîche, de fromage, de muscade et
d'oignon râpé finement. Saupoudrer avec
des flocons de beurre et fermer la cocotte
RÖMERTOPF.

Gratin de pommes de terre Parmentier

(France)

Poser entre deux couches de pommes de terre 300 g de hachis bien relevé et mélangé avec 100 g de crème fraîche aromatisée aux fines herbes.

Gratin de courgettes

(Italie) illustration page 145

500 g de courgettes, 4 oeufs, 2 cuill. à soupe de jus de citron, sel, poivre, un peu de râpure de noix de muscade, 100 g de farine, 400 ml de lait, 100 g de parmesan râpé, 1 cuill. à soupe de persil haché, 40 g de beurre.

Temps de cuisson : env. 40 minutes

Valeur nutritive : env. 450 Kcal = 1.883 Kjoules

Laver la moitié des courgettes, couper les extrémités et hacher grossièrement leur chair. Brouiller les oeufs et les épicer avec le jus de citron, le sel, le poivre et la muscade. Lisser avec la farine, le lait, le fromage et le persil. Beurrer la cocotte RÖMERTOPF trempée au préalable. Verser la masse dans la cocotte RÖMERTOPF et garnir avec le reste des courgettes coupées en rondelles. Saupoudrer avec des flocons de beurre. Fermer la cocotte RÖMERTOPF. Durant les 10 dernières minutes cuire à découvert.

Les gratins d'aubergines et de poivrons, également très répandus dans les régions méditerranéennes sont préparés de la même façon.

Risotto

(Italie)

250 g de riz, 1 oignon, 1 cuill. à soupe d'huile, un 1/2 l de bouillon de volaille, 100 g de fromage râpé, 250 g de chair à saucisse, 250 g de tomates, sel, poivre du moulin.

Temps de cuisson env. 45 minutes

Valeur nutritive env. 700 Kcal = 2.930 Kjoules

Rincer le riz dans une passoire et laisser bien égoutter. Peler les oignons, les hacher et les faire revenir brièvement dans une poêle et de l'huile. Ajouter le riz et le faire revenir un court instant. Verser le contenu de la poêle dans la cocotte RÖMERTOPF trempée. Arroser avec le bouillon et fermer la cocotte RÖMERTOPF. Après 20 minutes incorporer le fromage. Former des boulettes avec la chair à saucisse, les presser dans le riz et les couvrir avec des rondelles de tomates pelées. Saler légèrement et poivrer généreusement.

Risotto aux tomates

(Italie)

Remplacer la moitié du bouillon par du jus de tomates. Utiliser 125 g de lard fumé maigre préalablement coupé en petits dés et rissolé à la place de la chair à saucisse.

Riz

(Croatie)

Incorporer 500 g de rondelles de poivrons. Epicer généreusement avec le paprika.

Riz

(France)

Ajouter au riz du foie de volaille et des champignons émincés à la place des tomates et de la chair à saucisse. Epicer généreusement avec suffisamment de fines herbes hachées.

Riz

(Espagne)

Remplacer la chair à saucisse par des rondelles de saucisse à l'ail. Epicer avec des herbes de Provence déshydratées. Garnir avec des flocons de beurre et des lanières de filets d'anchois.

Riz aux courgettes

(Est de la Méditerranée)

Incorporer 500 g de rondelles de courgettes. Epicer le bouillon du riz avec du jus de citron et du curry en poudre.

Riz aux poissons

(Grèce)

Aromatiser le liquide avec du jus de citron. Faire revenir 400 de filets de poissons émiettés à la place du hachis.

Riz épicé

(Egypte)

Mélanger le riz avec des gousses d'ail. Utiliser de la viande d'agneau hachée et épicée. Epicer le liquide avec un peu de curcuma et de cumin, un soupçon de cannelle, puis saler et poivrer généreusement.

Riz à la viande

(Serbie)

500 g de goulasch de porc, 2 cuill. à soupe de saindoux, sel, 2 gousses d'ail, 2 oignons, 2 poivrons, 200 g de riz, 1/2 l de bouillon, 400 g de tomates, du paprika en poudre.
Temps de cuisson : env. 1 heure
Valeur nutritive : env. 600 Kcal = 2.511 Kjoules

Laver la viande, la tamponner à sec, la couper en très petits morceaux et la faire revenir dans une poêle et du saindoux pendant 10 minutes tout en remuant constamment. Puis saler. Peler les oignons et l'ail, les hacher et les faire revenir brièvement dans la même poêle. Transvaser le contenu de la poêle dans la cocotte RÖMER-TOPF trempée. Ajouter les poivrons coupés en lanières. Saupoudrer avec le riz, arroser avec le bouillon. Ebouillanter les tomates, les peler, les couper en rondelles, les saupoudrer de paprika et les incorporer au reste. Fermer la cocotte RÖMER-TOPF. Epicer généreusement.

MES RECETTES PERSONNELLES POUR LA COCOTTE RÖMERTOPF :

PREPARATION :

INGREDIENTS :

RÖMERTOPF INTERNATIONAL
Le tour du monde culinaire

Sélection de recettes internationales
pour fins gourmets soucieux de leur
santé de Eva EXNER

1ère Edition, 1 – 20 000
Copyright© 1993 par
Eduard Bay GmbH & Co KG
Rheinstraße 96
D-56235 Ransbach-Baumbach
Rédaction: Eva Exner, Nürnberg
Photographie: Studio Juchum, Wuppertal
Composition: Jösch & Partner
Werbeagentur GmbH, Montabaur
Traduction française et composition:
EDITIONS DE LA ROSE
25 rue Saglio
F-67100 STRASBOURG

N° de référence 990 51
ISBN 3-87059 051 3